淘宝大学电子商务
人才能力实训（CETC系列）

网店运营、美工视觉、客服

淘宝大学 / 编著

淘宝大学教程
CETC认证书籍
入门版

电子工业出版社
Publishing House of Electronics Industry
北京·BEIJING

内 容 简 介

中国电子商务经过逾20年发展至今已有相当规模，行业规模急速扩张，企业却陷入用人难困境。目前，整个行业对专业人才的需求缺口高达400多万，人才总量不足、专业人才缺乏的情况严峻。为了缓解企业电商人才短缺的现状，淘宝大学特别推出了CETC电商人才能力认证体系，针对不同层级和专业的电商人员提供学习和能力认证，培养电商实战人才。

在全套三本书籍中，《淘宝大学电子商务人才能力实训（CETC系列）——网店运营、美工视觉、客服（入门版）》，也就是本书，是针对电子商务零基础人员及预备创业人员的，以知识、理念普及和创业引导为主。另外两本，《淘宝大学电子商务人才能力实训（CETC系列）——网店运营（提高版）》和《淘宝大学电子商务人才能力实训（CETC系列）——网店美工视觉与客服（提高版）》是针对电子商务行业基层从业人员的，以提升岗位实操技能为主。

本套书籍由淘宝大学组织20余名淘大认证讲师和行业专家，依托淘宝大学与美的、森马、三只松鼠等11家电商标杆企业共同制定的电商人才能力标准及知识体系，历时近一年的时间完成。本套书籍可作为CETC启蒙级、初级学员及高校电商专业学生和电商企业基层人员的学习教材。

未经许可，不得以任何方式复制或抄袭本书之部分或全部内容。
版权所有，侵权必究。

图书在版编目（CIP）数据

网店运营、美工视觉、客服：入门版 / 淘宝大学编著. —北京：电子工业出版社，2018.1
（淘宝大学电子商务人才能力实训. CETC系列）
ISBN 978-7-121-32632-5

Ⅰ. ①网… Ⅱ. ①淘… Ⅲ. ①网络营销 Ⅳ. ①F713.365.2

中国版本图书馆CIP数据核字（2017）第215704号

策划编辑：张彦红
责任编辑：葛　娜
印　　刷：北京虎彩文化传播有限公司
装　　订：北京虎彩文化传播有限公司
出版发行：电子工业出版社
　　　　　北京市海淀区万寿路173信箱　邮编 100036
开　　本：787×980　1/16　印张：15.25　字数：241千字
版　　次：2018年1月第1版
印　　次：2021年7月第6次印刷
定　　价：59.80元

凡所购买电子工业出版社图书有缺损问题，请向购买书店调换。若书店售缺，请与本社发行部联系，联系及邮购电话：（010）88254888，88258888。
质量投诉请发邮件至zlts@phei.com.cn，盗版侵权举报请发邮件至dbqq@phei.com.cn。
本书咨询联系方式：（010）51260888-819，faq@phei.com.cn。

序　　言

中国电子商务经过逾20年的发展，网络零售总额已占到中国社会消费品零售总额的15%以上（2016年），商务部印发的《商务发展第十三个五年规划纲要》中更是预计，到2020年中国电子商务交易规模将达到43.8万亿元。行业规模急速扩张，企业却陷入用人难困境。目前，整个行业对专业人才的需求缺口高达400多万，人才总量不足、专业人才缺乏的情况严峻。电子商务从业人员的供需不平衡和从业人员的能力不足已经成为制约行业发展的重要因素，尤其是有一定专业认知和经验的基层电商人才的短缺，导致大量的电子商务中小企业出现无人可招的困局。同时，大中型企业的基层电商人员在内部培养中也出现无标准可循、知识体系更新不及时的问题。

另一方面，作为培养行业基础人才的高校，部分高校的电子商务专业的专业定位、教材中教学内容与社会实践所需都有较大的差异。这也导致了企业运作中许多从学校招聘的基层人员能力达不到预想的技能要求。

为了推动解决企业电商人才的短缺及实战能力的提升问题，淘宝大学特别推出了CETC电商人才能力认证体系，针对不同层级和专业的电商人员提供学习和能力认证，培养电商实战人才。淘宝大学为该认证制定了四大体系：能力标准体系、四级知识体系、混合学习体系、考试认证体系。本套书籍依托淘宝大学与美的、森马、三只松鼠等11家电商标杆企业共同制定的电商人才能力标准及知识体系，由淘宝大学20余名认证讲师和行业专家历时近一年的时间完成内容编写和多轮修订，是CETC启蒙级、初级学员及高校电商专业学生和电商企业基层人员学习提升的首选资料。

在全套三本书籍中，《淘宝大学电子商务人才能力实训（CETC系列）——网店运营、美工视觉、客服（入门版）》是针对电子商务零基础人员及预备创业人员的，以知识、理念普及和创业引导为主。《淘宝大学电子商务人才能力实训（CETC系列）——网店运营（提高版）》和《淘宝大学电子商务人才能力实训（CETC系列）——网店美工视觉与客服（提高版）》是针对电子商务行业基层从业人员的，以提升岗位实操技能为主。全套书籍有两个突出特点：

一、知识体系完备。本套书籍中包含了电子商务运营、视觉、客服三大专业线的基础知识。全书从基本的电商概述、电商视觉概述、电商客服概述讲起，涵盖了以阿里巴巴为代表的电商平台网店的店铺基础知识，包含店铺基础运营要求、店铺日常运营要求、流量介绍、店铺活动介绍、页面认知、图片规则规范、平台规则、消费者权益、购物流程数据分析等要点，逻辑清晰，内容丰富。

二、实践指导性强。本套书籍非常重视实践操作技能的落地，引用了大量案例和操作流程的图示，包括店铺日常维护、搜索优化、付费推广、促销工具、店铺活动、图片获取、店铺首页的制作、店铺详情页的制作、后台操作方法、售前销售和售后服务流程、交易安全、投诉处理等内容，帮助学员和读者通过本套书籍的学习在实践中学以致用。

随着"新零售"时代的到来，需要更多懂得全渠道运营的零售人才的涌出，行业对电子商务人才的需求不但没有弱化，还会更加迫切和多元化，希望有志于从事电商行业的人士能够从本套书籍中获得更多的收益，提升在实践中落地的能力。

阿里巴巴集团五新委员会委员、淘宝大学校长　王帅

第 1 篇　运营

第 1 章　电商概论 2

- 1.1 电商岗位 3
  - 1.1.1 运营——全局掌控者 3
  - 1.1.2 美工——视觉设计大师 3
  - 1.1.3 客服——最伟大的销售员 4
  - 1.1.4 推广——广告推送操盘手 4
- 1.2 常用电商术语 5
- 1.3 电商模式 6
  - 1.3.1 模式名称与含义 6
  - 1.3.2 各种模式的应用 7
  - 1.3.3 个人店铺 7

第 2 章　店铺模式 14

- 2.1 企业店铺 15
- 2.2 天猫店铺 17
  - 第一阶段：入驻申请 18
  - 第二阶段：审核 19
  - 第三阶段：完善店铺信息 20
  - 第四阶段：开店 20

第 3 章 平台规则 22

3.1 交易规则 23
3.2 评价规则 30
3.3 晋级规则 34
3.4 处罚规则 36

第 2 篇 视觉

第 4 章 电商设计常用名词解释 38

4.1 图片格式 39
4.2 视频格式 41

第 5 章 电商设计工具 PS 介绍 44

5.1 常用菜单栏功能介绍 45
5.1.1 "文件"菜单 45
5.1.2 "编辑"菜单 48
5.1.3 "图像"菜单 55
5.1.4 "图层"菜单 63

5.2 工具栏功能介绍 66
5.2.1 选择工具 67
5.2.2 裁剪和切片工具 68
5.2.3 测量工具 69
5.2.4 绘图工具 70
5.2.5 修饰工具 71
5.2.6 绘图和文字工具 73
5.2.7 导航工具 75

5.3 常用控制面板功能介绍 76
5.3.1 "颜色"面板 77
5.3.2 "色板"面板 77
5.3.3 "字符"面板 77

5.3.4 "段落"面板 78
5.3.5 "图层"面板 78
5.3.6 "通道"面板 79

第 6 章 电商设计店铺页面装修介绍 80

6.1 店铺界面介绍 81
6.2 无线端和 PC 端的店铺装修介绍 84
6.3 店铺装修步骤 87

第 7 章 电商后台设计名词解释 96

7.1 页面管理 97
7.2 功能区域 99
7.3 页面操作 100
7.4 旺铺版本 102
7.5 装修模板 104
7.6 图片空间 105

第 3 篇　客服

第 8 章 客服认知 108

8.1 客服概述 109
8.2 客服的价值和心态 110
    8.2.1 客服的价值 110
    8.2.2 客服的心态 114
8.3 客服的岗位认知 114

第 9 章 学习规则 120

9.1 平台规则 121
9.2 活动规则 128
    9.2.1 店铺自有活动 128

9.2.2　官方平台活动 133
　9.3　消费者权益 138
　9.4　交易安全规范 146

第 10 章　平台交易流程 154

　10.1　买家购物流程 155
　10.2　买家支付方式 171
　　10.2.1　快捷支付 171
　　10.2.2　蚂蚁花呗 173
　　10.2.3　余额宝支付 175
　　10.2.4　信用卡支付 175
　　10.2.5　支付宝余额支付 177
　　10.2.6　网上银行 178
　　10.2.7　货到付款 179
　　10.2.8　找人代付 180
　10.3　卖家交易流程 182
　　10.3.1　登录卖家中心 182
　　10.3.2　查找订单 183
　　10.3.3　等待买家付款 190
　　10.3.4　等待发货 194
　　10.3.5　已发货订单 197
　　10.3.6　退款中订单 199
　　10.3.7　已完成订单 204
　10.4　退换货流程 206

第 11 章　千牛的应用 210

　11.1　电脑版千牛 211
　11.2　手机版千牛 225

第 1 篇　运营

第 1 章　电商概论

第 2 章　店铺模式

第 3 章　平台规则

第1章

电商概论

经营网店和经营线下实体店大致相同，也分为不同的工作岗位职责，需要专人对接相应的工作内容；在电商行业，有很多专业术语，只有了解了这些术语，才算是真正开始了解电商行业。现在在网上经商的都统称为电商，电商又有很多不同的运作模式。下面介绍一下电商行业概况。

电商岗位：运营、美工、客服、推广。

常用电商术语：PV、UV、点击率、转化率、客单价、人均浏览量、加购件数、收藏次数、平均停留时长、跳失率。

电商模式：B2B、B2C、C2C、O2O。

1.1 电商岗位

1.1.1 运营——全局掌控者

运营主要负责店铺全盘运作和规划，就像实体店的店长、公司的CEO一样，负责整个店铺以及各个工作岗位的人员工作协调，监控店铺里的各项数据指标和全年的规划方案推进，做好店铺的问题诊断医师，及时优化并解决店铺存在的问题；还要负责店铺内的各项活动内容策划、实施；同时需要不断挖掘店铺新产品，保持店铺新品更迭；时刻关注市场动态，及时调整店铺运营策略，每日监控竞争对手店铺数据及变更细节；把控店铺库存深度，及时调节库存并补货。

1.1.2 美工——视觉设计大师

美工主要负责店铺的视觉装修、整体的格调布局、色调搭配、品牌形象定位。美工需要具备很强的专业知识技巧，熟练掌握作图软件，例如 Photoshop、Dreamweaver、CAD、Adobe Illustrator 等，深入熟悉产品特性，罗列产品卖点，并用图片结合文字的手法展现出来；还需要具备良好的审美素养，以及自己的设计理念、文案基础功底，并结合运营所需要体现的产品特点风格，更好地把产品展现给客户。美工同时还要兼顾店铺产品上新发布，以及店铺海报制作、装修美化、推广图片修改优化和描述模板设置等。

1.1.3 客服——最伟大的销售员

客服是最前沿的与客户沟通的职位。这个职位非常重要，直接影响店铺业绩。客服需要具备很好的耐心、良好的客户沟通能力，以及强烈的销售意识与服务意识。客服负责接待客户的订单咨询，熟悉产品的卖点，以专业的产品知识回答客户提出的疑问，同时要保持亲和力，具有飞快的打字速度，婉转拒绝客户还价、引导消费的技巧。客户不满意或者犹豫时，需要及时引导客户，做好店内其他产品推荐，帮助客户做决定，促成成交。针对购买后客户的物流信息查询，以及售后退换货问题的处理，客服都要熟练掌握，并且搜集客户反馈问题，每周递交给运营人员做数据分析。客服还要同时兼顾店铺中差评的处理、回复，优化店铺的动态评分，降低售后退款率等各项指标数据。

1.1.4 推广——广告推送操盘手

推广主要是配合运营的整体目标规划，并针对规划内的业绩目标进行操作。推广人员需要熟练使用推广工具直通车、钻展、淘客等进行引流，同时不断地优化账户的广告投入花费，控制好预算，把整体账户的投入产出比调整到最优状态，让每一分广告费真正地花得物有所值；同时负责店铺的站内外活动报名，联系淘宝达人、直播、店铺推广等新型的推广方式，不断地提升自我推广技巧，监控店铺的推广效果报表，并及时做出调整。

1.2　常用电商术语

PV：店铺或商品详情页被访问的次数。

UV：访问店铺页面或宝贝详情页的人数。

点击率：点击量/展现量，可直观表示宝贝的吸引程度，点击率越高，说明宝贝对买家的吸引力越大。

转化率：支付买家数/访客数，即来访客户转化为支付买家的比例。

客单价：支付金额/支付买家数，即平均每个支付买家的支付金额。

人均浏览量：店铺所有页面被访问的次数。

加购件数：在统计周期内，买家加入购物车的商品件数之和。

收藏次数：宝贝被来访者收藏的次数。

平均停留时长：店铺的所有访客总的停留时长/访客数，单位为秒。

跳失率：访问店铺浏览量为1的访客数/店铺总访客数，即在访客数中，浏览量为1的访客数占比。

DSR动态评分：描述相符动态评分、服务态度动态评分、物流服务动态评分。

1.3 电商模式

1.3.1 模式名称与含义

1. B2B：企业与企业之间的电子商务

B2B（Business-to-Business 的英文缩写，也有写成 BTB 的）是指企业与企业之间通过专用网络或 Internet 进行数据信息的交换、传递，开展交易活动的商业模式。这种模式将企业内部网和企业的产品及服务，通过 B2B 网站或移动客户端与客户紧密结合起来，通过网络的快速反应，为客户提供更好的服务，从而促进企业的业务发展。

2. B2C：企业与消费者之间的电子商务

B2C 是 Business-to-Consumer 的英文缩写，其中文简称为"商对客"。"商对客"是电子商务的一种模式，即通常所说的直接面向消费者销售产品和服务的商业零售模式。这种模式的电子商务一般以网络零售业为主，主要借助互联网开展在线销售活动。企业通过互联网为消费者提供一个新型的购物环境——网上商店，消费者通过网络进行购物、支付等。

3. C2C：消费者与消费者之间的电子商务

C2C 即 Customer（Consumer）to Customer（Consumer），是消费者个人间的电子商务行为。比如一个消费者将一台电脑通过网络出售给另外一个消费者，此种交易类型就称为 C2C 电子商务。

4．O2O：将线下商务机会与互联网结合在一起

O2O 即 Online To Offline（线上到线下），是指将线下的商务机会与互联网结合，让互联网成为线下交易的平台。这个概念最早来源于美国。O2O 的概念非常广泛，既涉及线上，又涉及线下，可以通称为 O2O。主流商业管理课程均对 O2O 这种新型的商业模式有所介绍和关注。

2013 年 O2O 进入高速发展阶段，开始了本地化及移动设备的整合和完善，于是 O2O 商业模式横空出世，成为 O2O 模式的本地化分支。

1.3.2　各种模式的应用

B2B：担负企业中介的沟通渠道的作用。

B2C：品牌的渠道，担负销售的作用。

C2C：个人与个人之间的自由交易。

O2O：线上线下联动。

1.3.3　个人店铺

1．开店资格条件判断

（1）阿里巴巴工作人员无法创建淘宝店铺。

（2）一个身份证只能创建一个淘宝店铺。

（3）相同的账号如创建过 U 站或其他站点，则无法创建淘宝店铺，可更换

账号开店。

（4）相同的账号如创建过天猫店铺，则无法创建淘宝店铺，可更换账号开店。

（5）相同的账号如在1688有过经营行为，则无法创建淘宝店铺，可更换账号开店。

2. 店铺释放规则

（1）出售中的宝贝数量连续3周为0件，提醒"必须发布宝贝，否则您的店铺将有可能暂时释放"。

（2）出售中的宝贝数量连续5周为0件，通知"店铺已经暂时释放，店铺名保留一周，任意发布一个闲置宝贝或上架仓库中的宝贝，24小时后店铺即可恢复之前的开店状态"。此时单击"查看我的店铺"，店铺不能正常显示。

（3）出售中的宝贝数量连续6周为0件，店铺会彻底释放，通知"店铺已经彻底释放，任何人都可以申请并使用您的店铺名称"。

你需要登录卖家中心激活店铺，按照提示完成指定操作，店铺就可重新开张。

3. 开店流程

首先登录淘宝网，创建账号，如图1-1所示。

图 1-1　验证手机号码

要取一个好听的旺旺名字（注册成功无法更改），例如：大山特卖、寻深山美味等。然后设置密码，如图 1-2 所示。

图 1-2　设置账号密码及用户名

这里需要填写从未注册过的邮箱号或者手机号码，如图 1-3 所示。

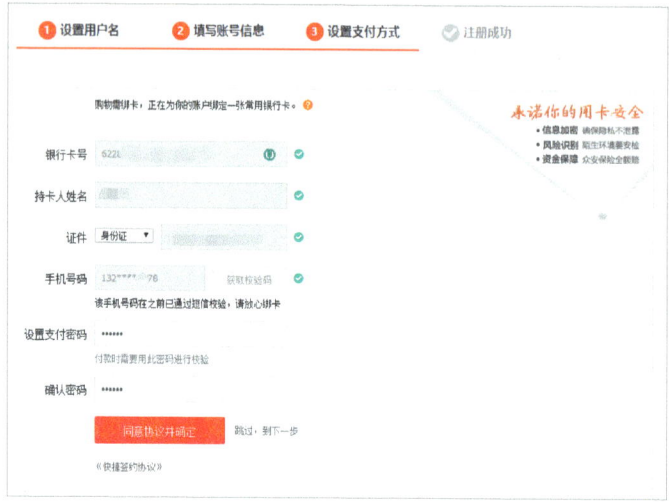

图 1-3 填写银行卡、手机号码等信息

4．开店认证

接下来需要进行淘宝网身份认证，按照图 1-4 和图 1-5 所示进行操作。

图 1-4 开店认证操作（一）

第1章 电商概论 | 11

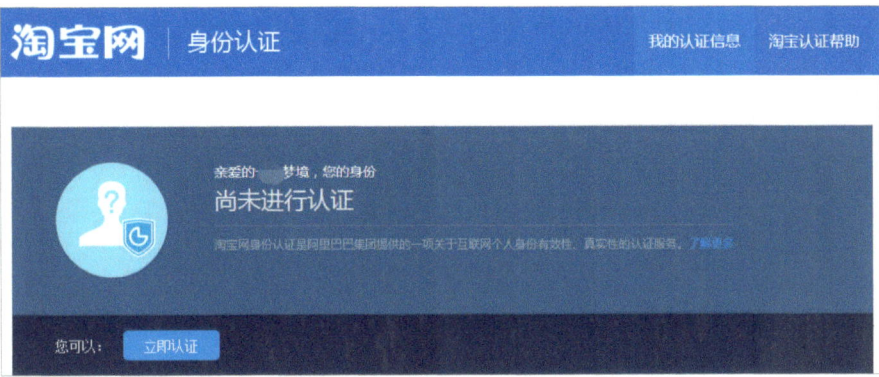

图1-5 开店认证操作（二）

需要进行实名认证，可以通过电脑认证，也可以通过手机认证，如图1-6所示。

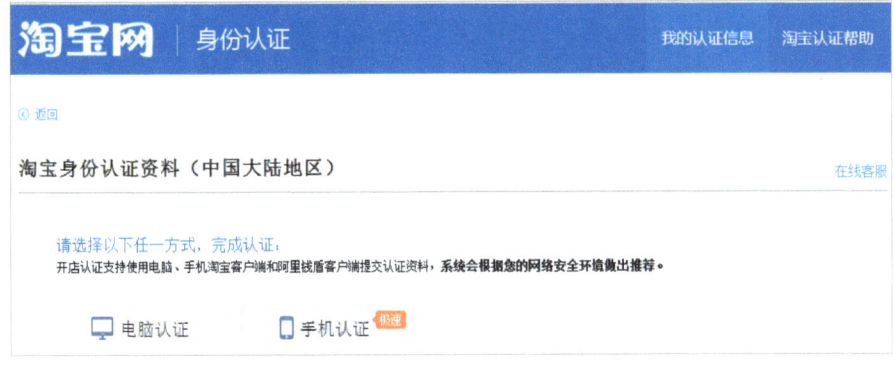

图1-6 开店认证操作（三）

然后填写真实的姓名、身份证号码；提供手持身份证照片，要求五官可见，证件全部信息清晰无遮挡，完整露出举照片的双手手臂；同时还要提交一张身份证的正面照，要求照片中的文字清晰可识别，拍照时需要注意免冠、未化妆，提交的照片未进行任何软件处理，大小不超过10MB，如图1-7、图1-8和图1-9所示。

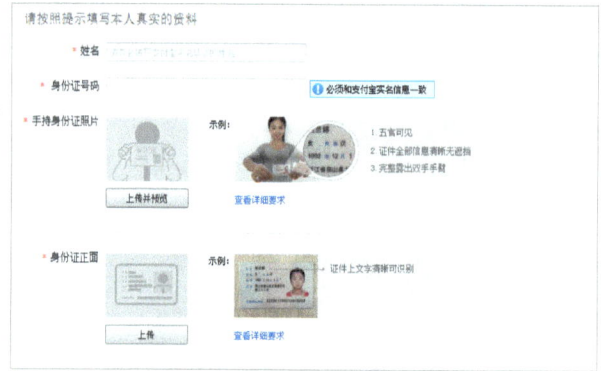

图 1-7　开店认证操作（四）

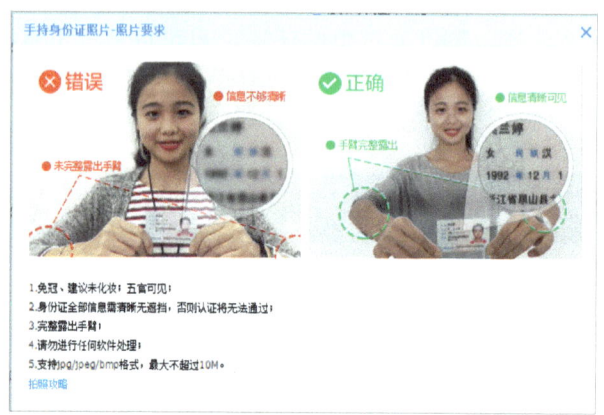

图 1-8　开店认证操作（五）

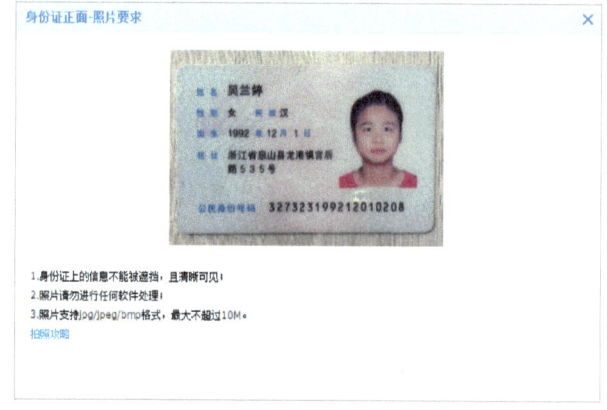

图 1-9　开店认证操作（六）

接下来，上传身份证证件照，如图 1-10 所示，系统将进行资质审核。

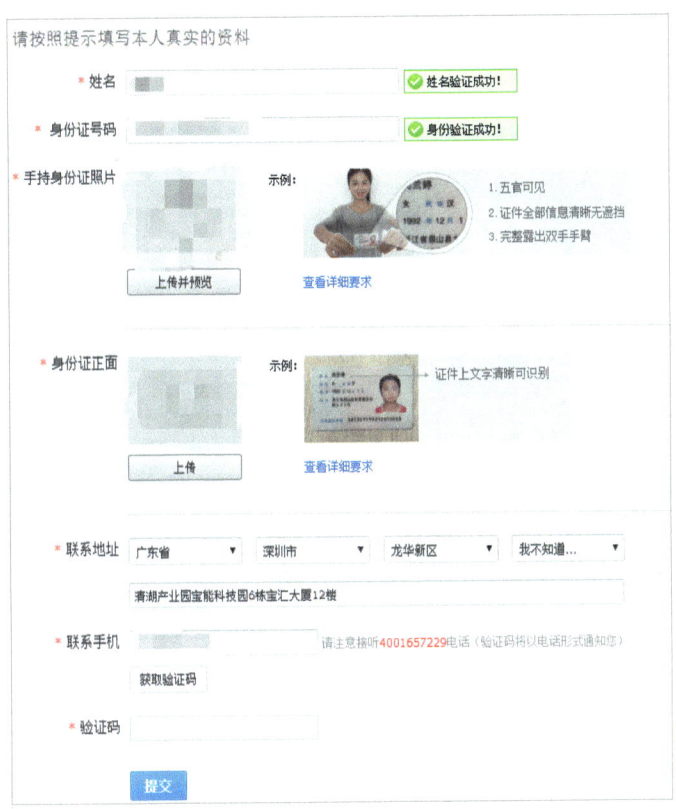

图 1-10　开店认证操作（七）

提交后进入资料审核状态，资料审核时间为 48 小时，审核结果以旺旺、站内信、短信的方式通知，敬请留意！

第 2 章

店铺模式

在网上开店有 3 种店铺模式：个人店铺、企业店铺和天猫店铺。本章将着重讲解企业店铺和天猫店铺。

2.1 企业店铺

企业店铺是指通过支付宝商家认证，并以工商营业执照开设的店铺。

1. 申请认证分别以法人名义和代理人名义

- 以法人名义，需要企业/实体店铺的营业执照、法人身份证件、银行对公账户。
- 以代理人名义，需要企业/实体店铺的营业执照、法人身份证件、银行对公账户、代理人的身份证或者盖有公司红章的身份证复印件、委托书。

在淘宝网（www.taobao.com）创建企业店铺的具体步骤如下。

第 1 步：注册淘宝账号和企业支付宝账号。

（1）注册淘宝账号：在未登录情况下，单击淘宝网首页左上角的"免费注册"，根据页面提示进行操作。

（2）企业支付宝账号注册和认证：打开支付宝官网（www.alipay.com），单击"立即注册"。

（3）单击"企业账户"，填入电子邮箱和验证码（公司账户只能邮箱注册），单击"下一步"按钮。

（4）单击"立即查收邮件"，进入邮箱进行激活。

（5）除填写法定代表外，还需填写实际控制人信息。

（6）申请企业支付宝账号需要进行实名认证，填写好以上信息后，单击"企业实名信息填写"继续完成认证。

（7）在法定代表人这一列选择"立即申请"。

（8）填写企业基本信息，上传营业执照。

（9）填写对公银行账户信息。

（10）填写法人信息，上传法人证件照片。

（11）法人身份信息审核成功后，等待人工审核（审核营业执照和法人证件，时间为2天）。

（12）人工审核成功后，等待银行给公司的对公银行账户打款。

（13）填写确认金额。

（14）认证成功。

第2步：单击"卖家中心"—"免费开店"—"企业开店"。

（1）进入"卖家中心"页面，选择企业开店。

（2）进行支付宝企业认证。

（3）进行店铺责任人认证。

（4）签署开店相关协议。

（5）创建店铺成功。

2. 关于企业店铺的有关问题

(1) 企业店铺是否收费？

目前企业开店是免费的，后续如有收费行为将会提前全网公示。

(2) 企业店铺相比普通 C 店有哪些优势？

- 在店铺信息展示上，注册淘宝企业店铺会在店铺搜索、宝贝搜索、下单页、购物车等页面上都有一个明显的企业店铺标识，用以区分企业店铺和个人店铺。单击店铺页面上的国徽标识，还可以查看工商营业执照。
- 在商品发布数量上，企业店铺比个人店铺高出很多。一冠以下的企业店铺可发布的商品数量等同于一冠个人店铺的发布数量。以女装为例，一冠以下的企业店铺可以发布的商品数量提升至 5000，而个人店铺一冠以下的发布数量最多为 1000，一冠至五冠的则为 5000。
- 在橱窗推荐位上，企业店铺比个人店铺多了 10 个橱窗位的额外奖励。
- 在账号数量上，企业店铺在个人店铺的基础上再增加 18 个。
- 在店铺名设置上，企业店铺可以使用个人店铺不能使用的"企业""集团""官方"等特殊关键词。
- 在直通车报名上，企业店铺在信用等级分中的门槛很低，只要大于零即可。而个人店铺则需要考虑其消保保证金情况、信用等级、店铺评分等诸多因素。

2.2 天猫店铺

天猫店铺入驻流程：

打开天猫首页 https://www.tmall.com，在天猫商城页面最底端选择"商家服务"—"商家入驻"，进入天猫招商页面，其中有详细的入驻指南、热招品牌、入驻要求和资费标准等。

第一阶段：入驻申请

1. 查询申请资格

品牌：天猫枚举的热招品牌，你也可以推荐优质品牌给天猫，部分类目不限定品牌招商。

企业：合法登记的企业用户，并且能够提供天猫入驻要求的所有相关文件，不接受个体工商户、非中国大陆企业。

注：同一主体开多家天猫店铺，要求店铺间经营的品牌及商品不得重复，在一个经营大类下专营店只能申请一家。

2. 准备资料

（1）单击"下载材料包"，请关注选择经营的类目、店铺类型、品牌来源。

（2）准备的资料请加盖开店公司公章（鲜章）。

（3）如申请资料不全，会退回重新提交，建议事先准备齐全资料，一次性通过审核。

3. 提交入驻资料

提交的入驻资料包括：

（1）选择店铺类型/品牌/类目。

（2）填写品牌信息。

（3）填写企业信息。

（4）店铺命名。

第二阶段：审核

1. 品牌评估

非天猫热招品牌，天猫将会评估企业和品牌的实力。

（1）品牌定位：风格、受众群体、货单价。

（2）品牌经营实力：品牌成立时间、线下经营情况（门店、近一年交易额、外贸出口额等）、淘宝或其他平台经营情况。

（3）品牌特色：原创设计师品牌、特色服务。

（4）企业实力：工厂、企业获奖、运营计划等特色信息。

2. 资质审核（初审、复审）

资质审核内容

（1）资质真实有效。

（2）规模达到入驻要求。

（3）授权有效，链路完整。

（4）生产、经营范围、产品安全性资质完整，符合国家行政法规许可要求。

第三阶段：完善店铺信息

1. 激活账号

在激活账号的同时完成以下事项。

（1）设置密码。

（2）填写手机号码及邮箱。

（3）完成支付宝实名认证。

2. 完成开店前的相关任务

（1）签署协议。

（2）规则学习、考试。

（3）完善店铺信息。

3. 缴费

（1）资费标准。

（2）请确保支付宝内余额充足。

（3）请在 15 天内完成保证金/技术服务年费的缴存。

第四阶段：开店

（1）发布商品，店铺上线前发布规定数量的商品。

（2）装修店铺，设计店铺风格，打造旺铺。

（3）店铺上线。

1. 店铺类型介绍

（1）旗舰店：商家以自有品牌（商标为 R 或 TM）或由权利人独占性授权入驻天猫开设的店铺。

（2）专卖店：商家持他人品牌（商标为 R 或 TM 类型）授权文件在天猫开设的店铺。

（3）专营店：经营天猫同一经营大类下两个及以上他人或自有品牌（商标为 R 或 TM 类型）商品的店铺。在一个经营大类下专营店只能申请一家。

2. 资费组成介绍

（1）保证金。在天猫经营必须交纳保证金。保证金主要用于保证商家按照天猫的规范进行经营，并且在商家有违规行为时根据《天猫服务协议》及相关规则规定用于向天猫及消费者支付违约金。根据店铺性质及商标状态不同，保证金的金额分为 5 万元、10 万元和 15 万元 3 档。

（2）技术服务年费。商家在天猫经营必须交纳年费。年费金额以一级类目为参照，分为 3 万元和 6 万元两档。各一级类目对应的年费标准详见《2017年天猫各类目年费技术服务费一览表》。

（3）实时划扣技术服务费。商家在天猫经营需要按照其销售额（不包含运费）的一定百分比（简称"费率"）交纳技术服务费。天猫各类目技术服务费费率标准详见《2017年天猫各类目年费技术服务费一览表》。

第3章

平台规则

俗话说：没有规矩，不成方圆。在淘宝和天猫上开店一定要遵守平台规则。这里的规则就是指淘宝规则和天猫规则。

淘宝规则的网址为：https://rule.taobao.com。

天猫规则的网址为：https://guize.tmall.com。

这里不但有各行各业的规则，还有规则的解读及最新的规则变化，如果在经营过程中遇到不明白的规则，则可以登录规则页面查看详细规则。

在实际开店的过程中，经常会有一些卖家违反规则而遭到处罚扣分甚至封停店铺，但却不知道是什么原因导致的违规。对一些比较重要的规则不了解，这明显是准备工作做得不充分，所以在开店之前了解平台规则是很有必要的。

平台规则大致可分为交易规则、评价规则、晋级规则和处罚规则等。

3.1 交易规则

如下为集市店铺的交易规则。

1. 注册

（1）会员应当严格遵循淘宝系统设置的注册流程完成注册。

会员在选择其淘宝会员名、淘宝店铺名或域名时应遵守国家法律法规，不得包含违法、涉嫌侵犯他人权利、有违公序良俗或干扰淘宝运营秩序等相关信息。淘宝网会员的会员名、店铺名中不得包含旗舰、专卖等词语。

会员名注册后无法自行修改。

淘宝有权回收同时符合以下条件的不活跃账户：

- 绑定的支付宝账户未通过实名认证；
- 连续 6 个月未登录淘宝或阿里旺旺；
- 不存在未到期的有效业务，有效业务包括但不限于红包、淘金币、集分宝、天猫点券等虚拟资产及其他订购类增值服务等。

（2）会员符合以下任一情形的，其淘宝账户不得更换其绑定的支付宝账户：

- 已通过支付宝实名认证且发布过商品或创建过店铺；
- 尚有未完结的交易或投诉举报；
- 支付宝账户尚未被激活或尚有不可用状态款项；
- 申请绑定的新支付宝账户与原支付宝账户的实名认证信息不一致；
- 其他不适合更换绑定支付宝账户的情形。

2. 经营

（1）会员须符合以下条件，方可按照淘宝系统设置的流程创建店铺或变更店铺经营主体：

- 通过淘宝身份认证、提供本人（包括企业及企业店铺负责人等）真实有效的信息，且企业店铺负责人关联的企业店铺数不能超过 5 家；
- 将其淘宝账户与通过实名认证、信息完善的支付宝账户绑定；
- 经淘宝排查认定，该账户实际控制人的其他阿里平台账户未被阿里平台处以特定严重违规行为处罚或发生过严重危及交易安全的情形。

（2）已创建的店铺若连续 5 周出售中的商品数量均为零，淘宝有权将该店铺释放。一个淘宝网会员仅能拥有一个可出售商品的账户。

（3）会员应当按照淘宝系统设置的流程和要求发布商品。淘宝网会员账户已绑定通过实名认证的支付宝账户，即可发布闲置商品，但创建店铺后方可发布全新及二手商品。若会员创建店铺后发布商品，并使用支付宝服务，将视为接受由支付宝（中国）网络技术有限公司提供各类支付服务，并遵守《支付服务协议》有关规定。

淘宝网会员发布商品的数量可能受到以下限制：

- 淘宝网有权根据卖家所经营的类目、信用积分、违规情形等维度调整其商品发布数量上限；
- 淘宝网卖家发布闲置商品不得超过50件。

（4）"商品如实描述"及对其所售商品质量承担保证责任是卖家的基本义务。"商品如实描述"是指卖家在商品描述页面、店铺页面、阿里旺旺等所有淘宝提供的渠道中，应当对商品的基本属性、成色、瑕疵等必须说明的信息进行真实、完整的描述。

卖家应保证其出售的商品在合理期限内可以正常使用，包括商品不存在危及人身和财产安全的不合理危险，具备商品应当具备的使用性能，符合商品或其包装上注明采用的标准等。

3. 市场管理措施

为了提升消费者的购物体验，维护淘宝市场正常运营秩序，淘宝按照本规则规定的情形对会员及其经营行为采取以下临时性的市场管控措施。

（1）警告，是指淘宝通过口头或书面的形式对会员的不当行为进行提醒和告诫。

（2）商品下架，是指将会员出售中商品转移至线上仓库。

（3）单个商品搜索降权，是指调整商品在搜索结果中的排序。

（4）全店商品搜索降权，是指调整会员店铺内所有商品在搜索结果中的排序。

（5）单个商品搜索屏蔽，是指商品在搜索结果中不展现。

（6）单个商品单一维度搜索默认不展示，是指商品信息在按价格、信用、销量等单一维度的搜索结果中默认不展现，但可经消费者主动选择后展现。

（7）全店商品单一维度搜索默认不展示，是指会员店铺内所有商品在按价格、信用、销量等单一维度的搜索结果中默认不展现，但可经消费者主动选择后展现。

（8）限制参加营销活动，是指限制卖家参加淘宝官方发起的营销活动。

（9）商品发布资质管控，是指会员在特定类目或属性下发布商品时，须按系统要求上传真实有效的资质信息。

（10）单个商品监管，是指在一定时间内商品信息无法通过搜索、商品链接等方式查看。

（11）店铺监管，是指在一定时间内会员店铺及店铺内所有商品信息无法通过搜索、店铺或商品链接等方式查看。

（12）支付违约金，是指根据协议约定或本规则规定由卖家向买家和/或淘宝支付一定金额的违约金。

（13）卖家绑定的支付宝收款账户的强制措施，是指对与卖家的淘宝账户绑定的支付宝收款账户采取的限制措施，包括但不限于取消收款功能、取消提现功能、禁止余额支付、交易账期延长、交易暂停、停止支付宝服务等。

4. 市场管理情形

（1）卖家应积极提升自身经营状况，为消费者提供高品质的商品及优质的服务。对于符合商品品质好、服务质量高等情形的卖家，淘宝会适当给予鼓励或扶持的措施。

（2）会员须按照淘宝认证要求，提供本人（包含企业）真实有效的信息。

会员须按照淘宝认证要求，提供本人（包含企业）真实有效的信息，提供的信息包括但不限于：身份信息、有效联系方式、真实地址、支付宝相关信息等证明身份真实性、有效性、一致性的信息；对于信息不全、无效或虚假的信息，将无法通过认证。

为保障会员认证信息的持续真实有效，维护消费者权益，对已经通过淘宝认证的会员，淘宝将视情况通过定期或不定期复核的方式，验证认证信息的真实有效性。如果在复核过程中发现会员提供的认证信息不全、无效或虚假，淘宝将依据情形严重程度，采取限制发布商品、下架商品、店铺屏蔽、限制创建店铺等临时性的市场监管措施。

（3）卖家应妥善管理其所发布的商品信息。对近 90 天内未编辑、未经浏览且未成交的商品，淘宝网将定期进行商品下架。

（4）经新闻媒体曝光、国家质监部门等行政管理部门通报，系质量不合格的线下某一品牌、品类、批次的商品，或与阿里系平台抽检的不合格商品相同的商品，或其他要求协查的商品及店铺，淘宝将依照其情形严重程度，采取限制发布商品、下架商品、删除商品、商品监管、店铺监管、店铺屏蔽等处理措施对其进行临时性的市场管控，直至查封账户。

（5）卖家若发布有违公序良俗或《淘宝服务协议》的商品或信息（本规则中已有明确规定的，从其规定），淘宝将对该类商品或信息进行临时性的下架或删除处理。

（6）为保障买家的消费权益，淘宝有权基于资金安全风险、商品合规风险等评估，对资金安全风险、商品合规风险较高的订单或其他需要进行交易资金保障的订单采取交易账期延长等支付宝收款账户强制措施。

（7）会员应遵照淘宝交易流程的各项要求进行交易，卖家应合理保障买家权益。

会员如发生危及交易安全或淘宝账户安全的行为，淘宝将依照其行为的危险程度采取支付宝账户强制措施、关闭店铺、店铺监管、限制发货、限制网站登录、限制使用阿里旺旺、限制发送站内信、延长交易超时、限制买家行为、全店商品屏蔽及全店商品搜索降权等交易安全保护措施对其进行临时性的市场管控。

（8）为保障消费者权益，淘宝网卖家均须提供消费者保障服务，按照淘宝网要求选择订单险、消保保证金或账户交易账期延长作为消费者权益保障工具。须投保订单险但未投保的卖家将被限制发布相应商品；须缴存消保保证金但未足额缴存且经淘宝网催缴后未在 5 日内缴足的卖家，淘宝网将对其采取店铺屏蔽等临时性的市场管控措施。

天猫店铺的交易规则和淘宝店铺的交易规则的区别很小，可以到天猫规则页面查看天猫规则。

5. 未按约定时间发货

（1）淘宝网未按约定时间发货

卖家违背以下任一承诺的，需向买家支付该商品实际成交金额的 5% 作为违约金，且赔付金额最高不超过 30 元，最低不少于 5 元，特定类目商品最低不少于 1 元；买家发起投诉后卖家在淘宝网人工介入且判定投诉成立前主动支付违约金的，主动支付违约金达第 3 次及 3 次的倍数时扣 3 分（3 天内累计扣分不超过 12 分）；买家发起投诉后卖家未在淘宝网人工介入且判定投诉成立前主动支付该违约金的，除须赔偿违约金外，每次扣 3 分。

- 除特殊情形外，买家付款后，卖家未按约定的发货时间发货的（交易双方另有约定的除外）；
- 买家付款后，卖家拒绝按照买家拍下的价格交易的（交易双方另有约定的除外）；
- 买家付款后，卖家拒绝给予买家，其曾在交易过程中与之达成的对商品价格的个别优惠或折扣的；
- 交易订立过程中卖家自行承诺或与买家约定特定运送方式、特定运送物流、快递公司等，但实际未遵从相关承诺或约定的。

（2）天猫未按约定时间发货

延迟发货，是指除特殊商品外，商家在买家付款后实际未在 72 小时内发货，或定制、预售及其他特殊情形等另行约定发货时间的商品，商家实际未在约定时间内发货，妨害买家购买权益的行为。商家的发货时间，以快递公司系统内记录的时间为准。

延迟发货的，商家需向买家支付该商品实际成交金额的 30%（金额最高不超过 500 元）作为违约金，该违约金将以天猫积分形式支付。

存在以下情形的，天猫不强制支持赔付，由买卖双方自行协商确定：
- 滥用延迟发货规则发起赔付申请的；
- 经新闻媒体曝光、国家行政管理部门通报或经淘宝排查发现，商品本身或信息涉嫌违法违规的，为保障消费者权益，天猫要求商家立即停止发货的。

6. 关于禁售规则

发布淘宝禁售商品：是指发布了根据国家法律法规要求或淘宝自身管理要求禁止发布的商品或信息的行为。

可以在淘宝网规则中搜索查询淘宝禁售商品管理规范了解细则。

3.2 评价规则

信用评价：淘宝评价体系包括信用评价和店铺评分两种。信用评价仅在淘宝集市使用，在淘宝集市交易平台使用支付宝服务成功完成每一笔交易订单后，双方均有权对交易的情况做出相关评价。买家可以针对订单中每个买到的宝贝进行好、中、差评；卖家可以针对订单中每个卖出的宝贝给买家进行好、中、差评。这些评价统称为信用评价。

店铺评分：在淘宝网交易成功后，买家可以对本次交易的卖家进行4项评分，即宝贝与描述相符、卖家的服务态度、卖家发货的速度、物流公司的服务。每项店铺评分取连续6个月内所有买家给予评分的算术平均值（每天计算近6个月之内的数据）。只有使用支付宝并且交易成功才能进行店铺评分，非支付宝交易不能评分

1. 淘宝网评价规则

（1）概述

① 宗旨原则。为促进买卖双方基于真实的交易作出公正、客观、真实的评价，进而为其他消费者在购物决策过程中和卖家经营店铺过程中提供参考，根据《淘宝平台服务协议》《淘宝规则》等相关协议、规则的规定，制定本规则。

② 适用范围。本规则适用于淘宝网所有卖家和买家。

③ 效力级别。《淘宝规则》中已有规定的，从其规定；未有规定或本规则有特殊规定的，按照本规则执行。

④ 淘宝网评价。淘宝网评价（简称"评价"）包括"交易评价"和"售后评价"两块内容。

(2)交易评价

① 入口开放条件。买卖双方有权基于真实的交易在支付宝交易成功后 15 天内进行相互评价。

② 交易评价内容。交易评价包括"店铺评分"和"信用评价";"信用评价"包括"信用积分"和"评论内容";"评论内容"包括"文字评论"和"图片评论"。

③ 店铺评分。店铺评分由买家对卖家作出,包括对商品/服务的质量、服务态度、物流等方面的评分指标。每项店铺评分均为动态指标,系此前连续 6 个月内所有评分的算术平均值。

每个自然月,相同买家、卖家之间交易,卖家店铺评分仅计取前 3 次。店铺评分一旦作出,无法修改。

④ 信用积分。在信用评价中,评价人若给予好评,则被评价人信用积分增加 1 分;若给予差评,则信用积分减少 1 分;若给予中评或 15 天内双方均未评价,则信用积分不变。如评价人给予好评而对方未在 15 天内给其评价,则评价人信用积分增加 1 分。

相同买家、卖家任意 14 天内就同一商品的多笔支付宝交易,多个好评只加 1 分、多个差评只减 1 分。每个自然月,相同买家、卖家之间交易,双方增加的信用积分均不得超过 6 分。

⑤ 追加评论。自交易成功之日起 180 天(含)内,买家可在作出信用评价后追加评论。追加评论的内容不得修改,也不影响卖家的信用积分。

⑥ 评价解释。被评价人可在评价人作出评论内容和/或追评内容之时起的 30 天内作出解释。

⑦ 评价修改。评价人可在作出中、差评后的 30 天内,对信用评价进行一次

修改或删除。30 天后评价不得修改。

（3）售后评价

① 入口开放条件。买家有权基于真实的交易，在售后流程完结后，对卖家进行售后评价，特殊类型订单除外。

② 评价内容。售后评价由买家针对卖家的退款/退货退款等服务进行评价，包括处理速度、服务态度两项评分及一项评论内容。

③ 售后评分。每项售后评分均为动态指标，系该店铺此前连续 180 天内所有评分的算术平均值。

如一张订单涉及多笔交易，每笔符合前述入口开放条件的交易都可进行一次售后评价。每张订单仅取最先生效的评分，计入前述算术平均值中。

每个自然月，相同买家、卖家之间交易，售后评分仅计取前 3 次。售后评分一旦作出，无法修改。

（4）评价处理

① 评价处理原则。为了确保评价体系的公正性、客观性和真实性，淘宝将基于有限的技术手段，对违规交易评价、恶意评价、不当评价、异常评价等破坏淘宝信用评价体系、侵犯消费者知情权的行为予以坚决打击。

② 评价逻辑调整。淘宝将根据平台运营需要，调整评价的开放或计算逻辑。

③ 违规交易评价。淘宝有权删除违规交易产生的评价，包括但不限于《淘宝规则》中规定的发布违禁信息、骗取他人财物、虚假交易等违规行为所涉及的订单对应的评价。

④ 恶意评价。如买家、同行竞争者等评价人被发现以给予中评、差评、负

面评论等方式谋取额外财物或其他不当利益的恶意评价行为，淘宝或评价方可删除该违规评价。

⑤ 不当评价。淘宝有权删除或屏蔽交易评价和售后评价内容中所包含的污言秽语、广告信息、无实际意义信息、色情低俗内容及其他有违公序良俗的信息。

⑥ 异常评价。淘宝对排查到的异常评价作不计分、屏蔽、删除等处理。

⑦ 评价人处理。针对前述违规行为，除对产生的评价做相应处理外，淘宝将视情形对评价人采取身份验证、屏蔽评论内容、删除评价、限制评价、限制买家行为等处理措施。

⑧ 积分不重算。评价被删除后，淘宝不会针对删除后的剩余评价重新计算积分。

⑨ 评价投诉。被评价方须在评价方作出评价的 30 天内进行投诉。未在规定时间内投诉的，不予受理。

2. 天猫评价规则

① 店铺评分由买家对商家作出，包括描述相符、服务态度、物流服务 3 项。每项店铺评分均为动态指标，系此前连续 6 个月内所有评分的算术平均值。买家若完成对天猫商家店铺评分中描述相符一项的评分，则买家信用积分增加 1 分。

每个自然月，相同买家、商家之间交易，商家店铺评分仅计取前 3 次。店铺评分一旦作出，无法修改。

② 天猫有权删除或屏蔽评论内容中所包含的污言秽语、广告信息、无实际意义信息及其他有违公序良俗的信息。同时，天猫将视情节严重程度，屏蔽该评价人后续一段时间内产生的评论内容；情节严重的，永久屏蔽其评论内容。

③ 评价人被发现以给予负面评论等方式谋取额外财物或其他不当利益的恶意评价行为的，天猫可删除该违规评价。

广告信息包含但不限于以下情形：

- 介绍与本商品无关的店铺或商品之类的推销信息；
- 商品转卖或交流信息；
- 手机号码、微信号等隐私内容。

对于买家的信用积分，为什么在买家给店铺评分中描述相符一项打分后，才增加 1 分？

由于描述相符是 3 个评分项中买家对商品最基本的需求点，因此只有买家对商品的描述相符打分后，才视为买家完成了该商品的店铺评分，从而系统默认给到买家 1 个好评，买家信用积分增加 1 分。

3.3　晋级规则

1. 关于淘宝网信用等级

淘宝信用等级是淘宝网对会员购物实行评分累积等级模式的设计，每在淘宝网上购物一次，至少可以获得一次评分的机会，分别为"好评""中评"和"差评"。

卖家每得到一个"好评"，就能够积累 1 分，中评不得分，差评扣 1 分。

（1）评价计分：具体为"好评"加 1 分，"中评" 0 分，"差评"扣 1 分。

（2）信用度：对会员的评价积分进行累积，并在淘宝网页页上进行评价积分显示。

（3）评价有效期：订单交易成功后的 15 天内。

（4）计分规则（含匿名评价）：

① 每个自然月中，相同买家和卖家之间的评价计分不得超过 6 分（以支付宝系统显示的交易创建的时间计算）。超出计分规则范围的评价将不计分。

② 若 14 天内（以支付宝系统显示的交易创建的时间计算）相同买家卖家之间就同一商品有多笔支付宝交易，则多个好评只计 1 分，多个差评只记 –1 分，如图 3-1 所示。

图 3-1　分值与店铺等级

2. 关于天猫信用等级

天猫店铺没有像淘宝店铺的信用等级的区分，仅有店铺动态评分（DSR）维度。

店铺动态评分指标包括宝贝与描述相符、卖家服务态度、卖家发货速度、物流公司服务 4 项。交易成功后的 15 天内，买家可本着自愿的原则对卖家进行店铺评分。逾期未打分的则视为放弃，系统不会产生默认评分，不会影响卖家的店铺评分。

3.4 处罚规则

1. A 类，一般违规

一般违规包括：滥发信息、虚假交易、描述不符、违背承诺、竞拍不买、恶意骚扰、不当注册、未依法公开或更新营业执照信息、不当使用他人权利。

2. B 类，严重违规

严重违规包括：发布违禁信息、假冒材质成分、盗用他人账户、泄露他人信息、骗取他人财物、扰乱市场秩序、不正当谋利、拖欠淘宝贷款。

3. C 类，严重违规

出售假冒商品的，淘宝删除会员所发布过的假冒、盗版商品或信息。同时，淘宝将视情节严重程度，采取支付宝账户强制措施、查封账户、关闭店铺、店铺监管、限制发货、限制发布商品、限制网站登录、限制使用阿里旺旺、限制发送站内信、延长交易超时、店铺屏蔽及全店商品搜索降权、全店或单个商品监管、商品发布资质管控、限制发布特定属性商品、限制商品发布数量等处理措施。

第 2 篇

视觉

第 4 章　电商设计常用名词解释

第 5 章　电商设计工具 PS 介绍

第 6 章　电商设计店铺页面装修介绍

第 7 章　电商后台设计名词解释

第 4 章

电商设计常用名词解释

4.1 图片格式

图片格式是计算机存储图片的格式，在电商设计中常见的存储图片的格式有 JPEG 格式、PNG 格式、GIF 格式、PSD 格式等。

1. JPEG 格式

JPEG 是一种比较常见的图片格式，是静态图片（不只是照片）最常用的保存格式。这种图片经过压缩，文件较小，便于在网络上传输，网页上大部分图片就是这种格式的。

JPEG 有损压缩会使原始图片数据质量下降，而且这种下降是累积性的，故不适合进行多次编辑和保存。JPEG 格式不适用于所含颜色很少、具有大块颜色相近的区域或亮度差异十分明显的较简单的图片。

可以将其他格式的图片转换为 JPEG 格式，方法如下。

- 使用 Photoshop 打开图片文件，通过"另存为"保存为 JPEG 格式。这种方法比较简单，而且适合画质比较好、要求比较高的图片转换。
- 如果要求不高，则可以直接通过 Windows 附带的画图程序，选择 JPEG 格式就可以。这种转换方法画质不高，也可以采用这种方法将 JPEG 格式转换为其他格式。

2. PNG 格式

PNG（Portable Network Graphics，便携式网络图形）是一种无损压缩图像格式 GIF 支持 24 位和 48 位真彩色图像。目前并不是所有的程序都可以用 PNG 格式来存储图像文件，但 Photoshop 可以处理 PNG 图像文件，同时可以保存背景为透明。

PNG 是目前保存最不失真的格式，它汲取了 GIF 和 JPG 二者的优点，存储形式丰富，兼有 GIF 和 JPG 的色彩模式。使用 PNG 格式能把图像文件压缩到极限以利于网络传输，但又能保留所有与图像品质有关的信息，因为 PNG 是采用无损压缩方式来减小文件大小的。PNG 显示速度快，只需下载 1/64 的图像信息就可以显示低分辨率的预览图像。PNG 同样支持透明图像的制作，透明图像在制作网页时很有用，我们可以把图像背景设为透明，用网页本身的颜色信息来代替设为透明的色彩，这样可让图像和网页背景很和谐地融合在一起。

3. GIF 格式

GIF 格式在压缩过程中图像的像素信息不会丢失，丢失的是图像的色彩。GIF 格式最多只能存储 256 色，所以通常用来显示简单图形及字体。

在一个 GIF 文件中可以存储多幅彩色图像，如果把存于一个文件中的多幅图像逐幅读出并显示到屏幕上，就可构成一种最简单的动画。

同时 GIF 采用无损压缩存储，在不影响图像质量的情况下，可以生成很小的文件；GIF 支持透明色，可以使图像浮现在背景之上。

GIF 格式只支持 256 色调色板，颜色少，其无损压缩效果也不如 JPEG 或 PNG 格式。

4. PSD 格式

PSD 是 Photoshop 的专用文件格式，文件扩展名是 .psd，可以支持图层、通道、蒙板和不同色彩模式的各种图像特征，是一种非压缩的原始文件保存格式。同时 PSD 也是目前唯一能够支持全部图像色彩模式的格式。

PSD 格式在保存时会压缩文件，以减少占用磁盘空间，但 PSD 格式所包含的图像数据信息较多（如图层、通道、剪辑路径、参考线等），因此比其他格式的图像文件还是要大得多。由于 PSD 文件保留了所有原始图像数据信息，因此修改较为方便。大多数排版软件不支持 PSD 格式的文件，必须等到图像处理完以后，转换为其他占用空间少而且存储质量好的文件格式。

4.2 视频格式

视频格式是视频播放软件为了能够播放视频文件而赋予视频文件的一种识别符号。

视频格式可以分为适合本地播放的本地影像视频和适合在网络中播放的网络流媒体影像视频两大类。尽管后者在播放的稳定性和播放画面质量上可能没有前者优秀，但网络流媒体影像视频的广泛传播性使之正被应用于视频点播、网络演示、远程教育、网络视频广告等互联网信息服务领域。

1. MPEG 视频格式

MPEG 即动态图像专家组，是专门针对运动图像和语音压缩制定国际标准的组织。目前 MPEG 已颁布了三个运动图像及声音编码的正式国际标准，分别称为 MPEG-1、MPEG-2 和 MPEG-4，而 MPEG-7 和 MPEG-21 正在研究中。MPEG-2 是 MPEG 组织制定的视频和音频有损压缩标准之一，它的正式名称为"基于数字存储媒体运动图像和语音的压缩标准"。

MPEG-1 被广泛应用在 VCD 的制作和视频片段下载方面。

与 MPEG-1 标准相比，MPEG-2 标准具有更好的图像质量、更多的图像格式和传输码率的图像压缩标准。MPEG-2 标准不是 MPEG-1 的简单升级，而是在传输和系统方面做了更加详细的规定和进一步的完善。它是针对标准数字电视和高清电视在各种应用下的压缩方案，编码率为 3~100 Mb/s。

MPEG-4 又是一种新的压缩算法，由于其小巧便于传播，因此成为网上在线观看视频的主要方式之一。

2. AVI 视频格式

AVI 的英文全称为 Audio Video Interleaved，即音频视频交错格式，是将语音和影像同步组合在一起的文件格式。它对视频文件采用了一种有损压缩方式，压缩比较高，因此，尽管画面质量不是太好，但其应用范围仍然非常广泛。AVI 支持 256 色和 RLE 压缩。AVI 格式主要应用在多媒体光盘上，用来保存电视、电影等各种影像信息。

AVI 是 PC 上最常用的视频数据格式，它具有如下一些显著特点。

（1）提供无硬件视频回放功能

根据 AVI 格式的参数，其视窗的大小和帧率可以根据播放环境的硬件能力和处理速度进行调整。

（2）实现同步控制和实时播放

通过同步控制参数，AVI 可以通过自调整来适应重放环境。

（3）可以高效地播放存储在硬盘和光盘上的 AVI 文件

由于 AVI 数据是交叉存储的，因此在播放 AVI 视频数据时，只需在指定的时间内访问少量的视频图像和部分音频数据即可。这种方式不仅可以提高系统的工作效率，同时也可以实现迅速加载和快速启动播放程序，减少播放 AVI 视频数据时用户的等待时间。

（4）提供开放的 AVI 数字视频文件结构

AVI 文件结构不仅解决了音频和视频的同步问题，而且具有通用的和开放的特点。AVI 可以在任何 Windows 环境下工作，而且还具有扩展环境的功能。用户可以开发自己的 AVI 视频文件，在 Windows 环境下可随时调用。

（5）AVI 文件可以再编辑

AVI 一般采用帧内有损压缩方式，可以用一般的视频编辑软件如 Adobe Premiere 或 MediaStudio 等进行再编辑和处理。

第 5 章

电商设计工具 PS 介绍

Adobe Photoshop（PS）是由 Adobe Systems 开发和发行的图像处理软件。Photoshop 主要处理以像素构成的数字图像，使用其众多的修改、编辑与绘图工具，可以有效地进行图像编辑工作。Photoshop 有很多功能，在图像、图形、文字、视频、出版等方面都有涉及。

5.1 常用菜单栏功能介绍

Photoshop 的"文件"、"编辑"、"图像"、"图层"这 4 个菜单是最常用的，其中的命令在设计过程中都会用到。

5.1.1 "文件"菜单

在"文件"菜单中常用的命令有新建、打开、最近打开文件、关闭、关闭全部、存储、存储为等，如图 5-1 所示。

图 5-1 "文件"菜单

在"文件"菜单中选择"新建"(或者按"Ctrl + N"快捷键),打开"新建"对话框,新建一个文件,如图5-2所示。

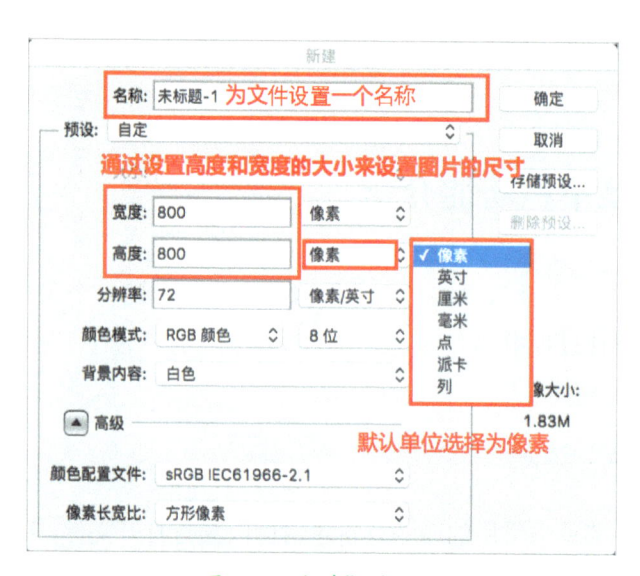

图 5-2 "新建"对话框

"打开"命令用来打开图像文件。在"打开"对话框中,在"查找范围"中选择待打开图像文件的位置,然后在预览图中选择相应的文件打开即可,如图 5-3 所示。

按"Ctrl+O"快捷键或者用鼠标左键双击操作界面中空白处,也可以很快地打开"打开"对话框。

如果想快速地找到最近编辑过的文件,则可以使用"最近打开文件"这个命令,它会列出最近打开过的部分文件,如图 5-4 所示。

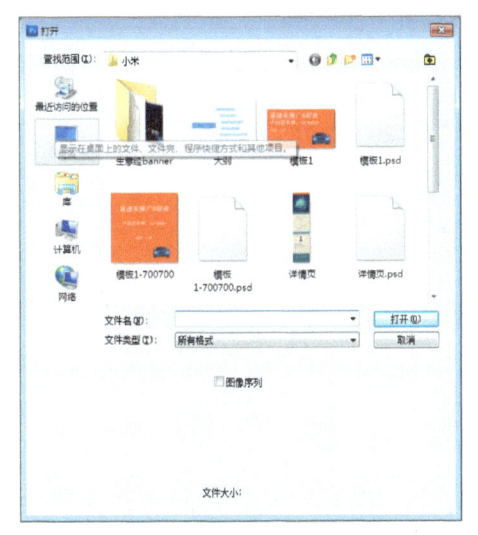

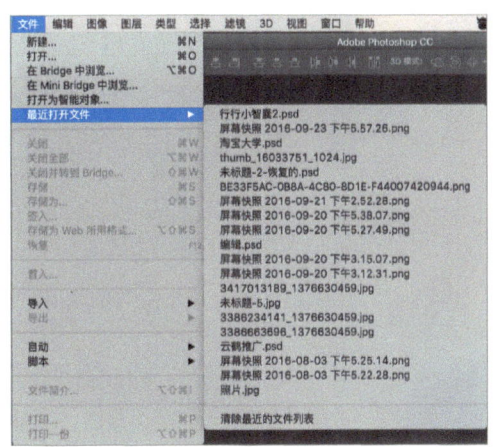

图 5-3 "打开"对话框　　　　　　图 5-4 "最近打开文件"列表

当我们想关闭文件时可以使用"关闭"命令，或者单击文件的关闭按钮，如图 5-5 所示。

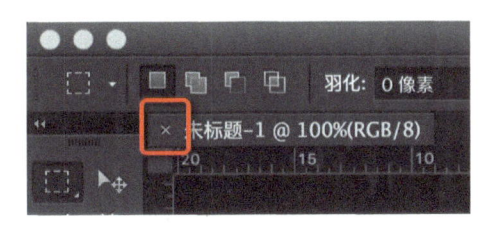

图 5-5 关闭按钮

如果想关闭打开的所有文件，则可以使用"关闭全部"命令。

在关闭文件之前，对有用的文件需要进行存储。"存储"就是保存现有内容并覆盖原来的文件，而不改变文件的位置、文件名和类型的命令。如果想保存现有内容，但又不覆盖原来的文件，则可以使用"存储为"命令，选择存储路径并指定文件名和类型，如图 5-6 所示。

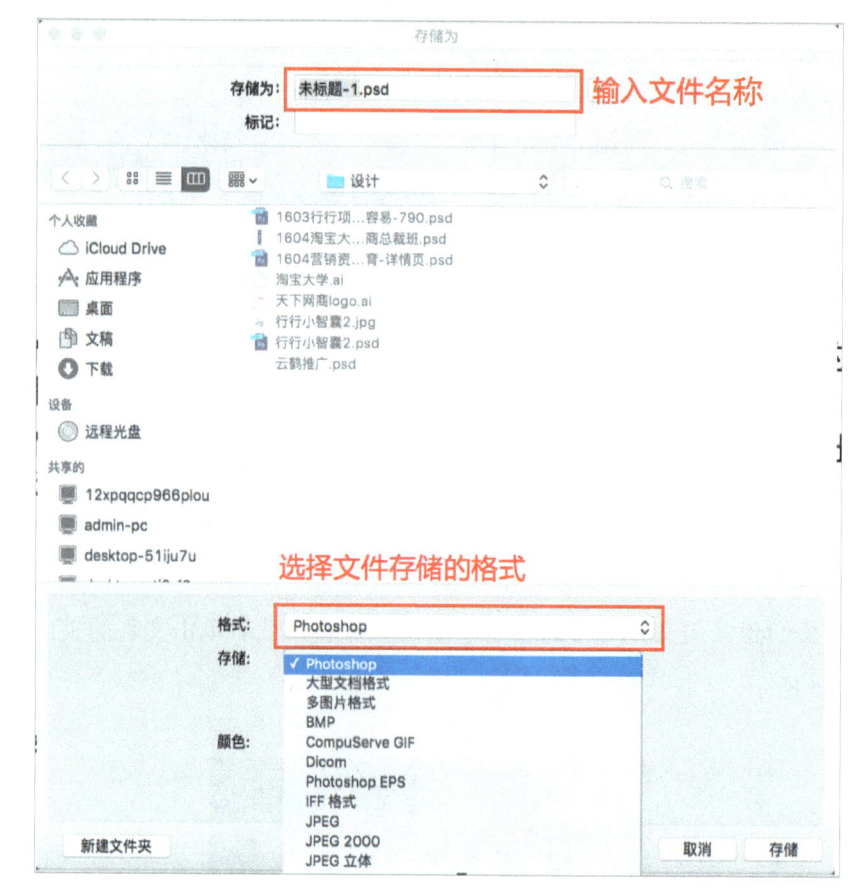

图 5-6　存储操作

5.1.2 "编辑"菜单

"编辑"菜单中的命令主要用于对文件进行编辑，比如剪切、粘贴、填充、描边等。如图 5-7 所示。

在操作过程中如果出现失误，则可以使用"还原"命令对之前的操作进行后退；其快捷键是"Ctrl+Z"，但是它只能还原一次。

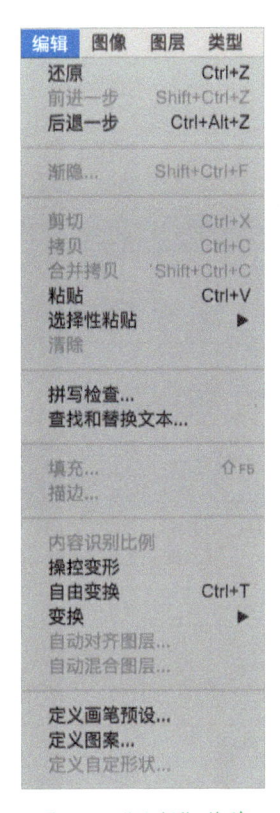

图 5-7 "编辑"菜单

如果想要尽可能多地还原操作步骤，则可以使用"后退一步"命令，或者按"Ctrl+Alt+Z"快捷键。如果不想后退了，想回到刚刚操作的状态，则可以使用"前进一步"命令来继续操作。"前进一步"和"后退一步"是相对应的，"后退一步"即撤销操作，"前进一步"则用来恢复被撤销的操作。

接下来介绍几个非常基础和实用的操作命令。

1. "剪切"命令

在页面中选定内容后，如图 5-8 所示，使用"剪切"命令（或者按"Ctrl+X"快捷键）能将选择框中的内容裁切下来，如图 5-9 所示。

图 5-8 选定内容

图 5-9 裁切结果

2. "拷贝"和"粘贴"命令

"拷贝"和"粘贴"这两个命令基本上是组合使用的,在页面中选定内容后,选择"编辑"—"拷贝"命令(或者按"Ctrl+C"快捷键)将其复制,然后选择"编辑"—"粘贴"命令（或者按"Ctrl+V"快捷键）将所复制部分粘贴到目标区域，如图 5-10 所示。

图 5-10　粘贴操作

3．"填充"命令

使用"填充"命令可以将当前颜色或者图片填充到所选中的区域，如图 5-11 所示。

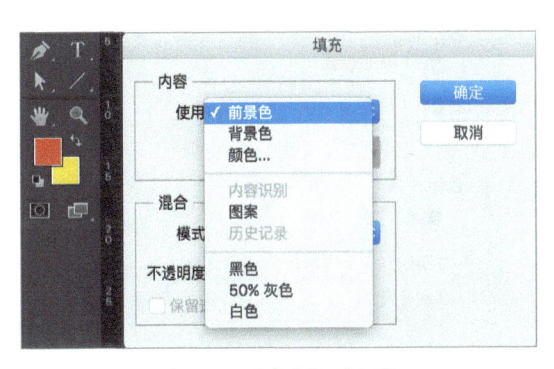

图 5-11　"填充"对话框

可以使用"Alt+Backspace"或"Alt+Delete"快捷键将前景色填充到图层或选区，使用"Ctrl+Backspace"或"Alt+Delete"快捷键将背景色填充到图层或选区，如图 5-12 所示。

图 5-12　颜色填充操作

4．"描边"命令

描边就是对选区和路径进行一种特殊的颜色处理，如图 5-13 所示。

图 5-13　"描边"对话框

如图 5-14 所示是描述前后的对比效果。

图 5-14　描边前后效果

5. "自由变换"命令

"自由变换"命令灵活多变，用户可以完全自行控制，做出任何变形。

自由变换的快捷键是"Ctrl+T"；辅助功能键是 Ctrl、Shift、Alt。其中，Ctrl 键控制自由变化；Shift 键控制方向、角度和等比例放大缩小；Alt 键控制中心对称，如图 5-15 所示。

图 5-15　自由变换操作

6. "定义画笔预设"命令

当我们经常需要绘制某一个图形的时候，可以通过"定义画笔预设"命令将画笔设置成该形状，画图时只要轻轻一点，就能直接绘制出该图形，非常方便，如图 5-16 所示。

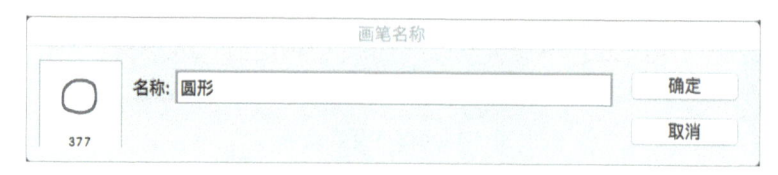

图 5-16 "画笔名称"对话框

选择画笔工具，再选择画笔的类型，就能找到自定义设置的画笔图案，一般是最后一个，如图 5-17 所示。

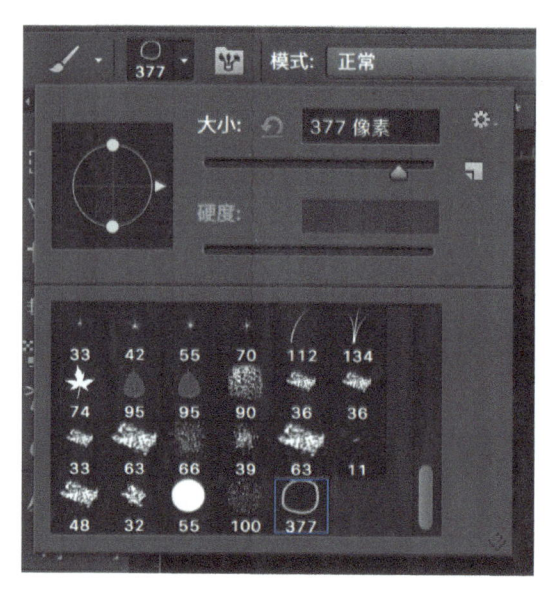

图 5-17 自定义画笔

7. "定义图案"命令

"定义图案"命令与上面的"定义画笔预设"命令的用法基本相同。

5.1.3 "图像"菜单

"图像"菜单中的命令主要用于对图像进行调整，包括调整图像的大小、颜色、明暗关系和色彩饱和度等，如图 5-18 所示。在实际操作中"图像"菜单最常用，只有充分掌握其主要命令，才能更好地使用 Photoshop。

1．"模式"命令

在"模式"命令下可以选择 PS 图像模式不同。

（1）位图模式

位图模式是只含有黑色和白色的一种颜色模式，所以这种颜色模式的图像也叫作黑白图像。只有灰度模式和双色调模式才能转换成位图模式。这种颜色模式包含的信息最少，因而图像也最小。

（2）灰度模式

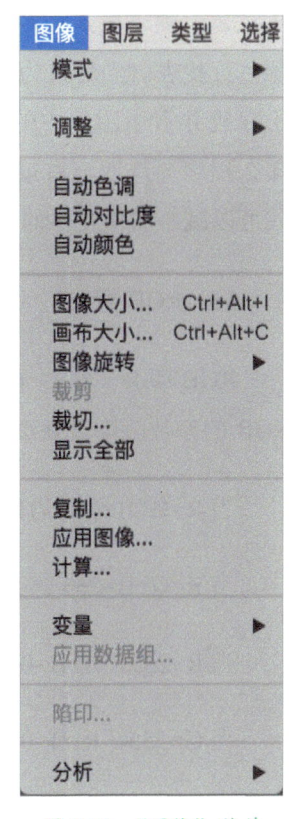

图 5-18 "图像"菜单

灰度模式是指图像中的色相和饱和度被去掉而只剩下亮度的一种颜色模式。这种颜色模式使用最多 256 级灰度，是 8 位深度的一种图像模式。

（3）双色调模式

双色调模式是指用一种灰色油墨或彩色油墨来渲染一幅灰度图像。该模式最多可向灰度图像添加 4 种颜色，从而可以打印出比单纯灰度更有趣的图像。双色调模式的优点就是减少了颜色层次，从而降低了颜色的打印成本。

（4）索引颜色模式

索引颜色模式的图像是单通道图像（8位/像素），使用包含256种颜色的颜色查找表。当转换为索引颜色模式时，Photoshop会构建一个颜色查找表，用于存放并索引图像中的颜色。如果原图像中的一种颜色没有出现在查找表中，那么程序会选取已有最相近的颜色或使用已有颜色模拟该种颜色。这种颜色模式可以减小图像文件的大小，同时保持视觉上的品质不变。

（5）RGB模式

RGB即R（红）、G（绿）、B（蓝），又名"三原色"，是太阳原本的颜色。RGB的参数范围是0~255。

当R=G=B=0时为黑色；

当R=G=B=255时为白色；

当R=255，G=B=0时为红色；

当G=255，R=B=0时为绿色；

当B=255，R=G=0时为蓝色。

其他颜色是用R、G、B三种颜色叠加而形成的，一共可以叠加出1670多万种颜色。RGB是编辑图像的首选模式，它的应用很广泛，一般电视机、扫描仪、数码照相机都使用这种颜色模式。

（6）CMYK模式

CMYK的每个字母都代表一种颜色，即C（青色）、M（洋红色）、Y（黄色）、K（黑色）。CMYK的参数范围为0~100%。在打印前应先将RGB模式的图像转换为CMYK模式；CMYK相对于RGB颜色来说增加了黑色，黑色的作用是强化暗调，加深暗部色彩。

（7）Lab 模式

Lab 模式弥补了 RGB 和 CMYK 两种颜色模式的不足。该模式由三个通道组成，颜色深度为 24 位，其颜色信息不会像 RGB 和 CMYK 模式因色域范围不同而丢失，所以在打印输出时可以将 RGB 模式转换为 Lab 模式，再转换为 CMYK 模式。L 表示亮度，a 表示从绿色到红色，b 表示从蓝色到黄色，其参数范围为：L，0~100；a，-120~+120；b，-120~+120。

（8）多通道模式

在多通道模式中，每个通道都合用 256 个灰度级存放着图像中颜色元素的信息。该模式多用于特定的打印或输出。一般包括 8 位通道和 16 位通道。

（9）HSB 模式

HSB 模式用于调配颜色，H 为色相，S 为饱和度，B 为亮度。其参数范围为：H，0~360；S，0~100；B，0~100。H 的取值：0 为红色，60 为黄色，120 为绿色，180 为青色，240 为蓝色，300 为洋红色。

2．"调整"命令

通过"调整"子菜单中的命令可以调整图像的颜色、明暗关系以及整体色调等，如图 5-19 所示。

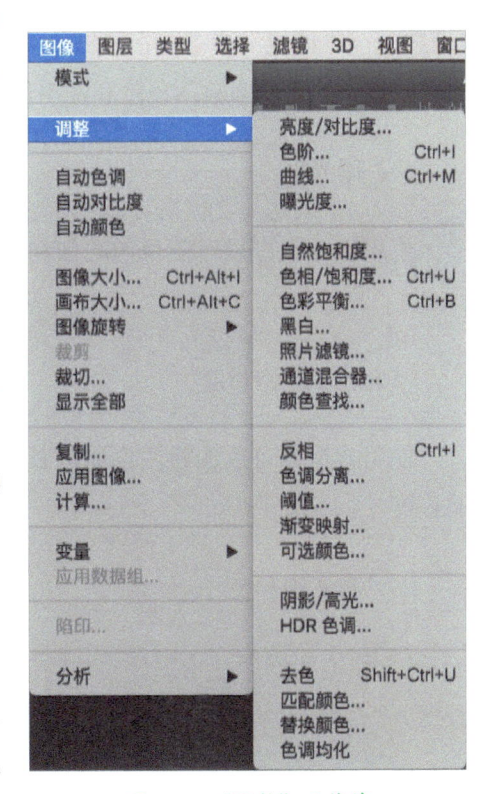

图 5-19 "调整"子菜单

(1) 亮度/对比度

使用"亮度/对比度"命令可以直观地调整图像的明暗程度,还可以通过调整图像亮部区域与暗部区域之间的比例来调节图像的层次感。

(2) 色阶

使用"色阶"命令可以调整图像的阴影、中间调和高光的关系,从而调整图像的色调范围或色彩平衡。

(3) 曲线

使用"曲线"命令能够对图像整体的明暗程度进行调整。执行"图像"—"调整"—"曲线"命令,在弹出的曲线对话框中,色调范围显示为一条笔直的对角基线,这是因为输入色阶和输出色阶是完全相同的。

(4) 曝光度

使用该命令可以对图像的暗部和亮部进行调整,常用于处理曝光不足的照片。

(5) 色相/饱和度

使用该命令可以调整图像的色彩及色彩的鲜艳程度,还可以调整图像的明暗程度。

(6) 自然饱和度

"自然饱和度"是指图像整体的明亮程度,"饱和度"是指图像颜色的鲜艳程度。

自然饱和度和"色相/饱和度"命令中的饱和度最大的区别是,前者只增加未达到饱和的颜色的饱和度；而后者则增加整个图像的饱和度，这可能会导致图像颜色过于饱和。

（7）色彩平衡

通过对图像的色彩平衡处理，可以校正图像色偏、过饱和或饱和度不足的情况，也可以根据自己的喜好和制作的需要调制色彩，更好地实现画面效果。

（8）反相

在色轮上相距180°的颜色互为补色，即色轮上的每一种颜色，在其对面都有一种跟它成互补关系的颜色，它们的连接线过色轮圆心。反相即将某种颜色转换成它的补色，比如一幅图像有很多颜色，每种颜色都转换成各自的补色，相当于将这幅图像的色相旋转了180°，如原来的黑色此时变成白色，原来的绿色此时变成红色。

（9）可选颜色

使用该命令可以校正偏色图像，也可以改变图像颜色。一般情况下，该命令用于调整单种颜色的色彩比重。

（10）阴影／高光

使用该命令能够使图像的阴影区域变亮或变暗，常用于校正图像因光线过暗而形成的暗部区域，也可校正因过于接近光源而产生的发白焦点。

（11）HDR色调

HDR的英文全称是High Dynamic Range，即高动态范围。在HDR的帮助下，我们可以使用超出普通范围的颜色值，因此能渲染出更加真实的3D场景。HDR效果有三个主要特点：①亮的地方可以非常亮；②暗的地方可以非常暗；③亮部、暗部的细节都很明显。

(12) 去色

使用该命令可以将彩色图像转换为灰色图像，但图像的颜色模式保持不变。

3. "自动调整"命令

"自动调整"包括3个命令，它们没有对话框，直接选中命令即可调整图像的对比度或色调。

(1) 自动色调

使用该命令可以将红色、绿色、蓝色3个通道的色阶分布扩展至全色阶范围。这种操作可以增加色彩对比度，但可能会引起图像偏色。

(2) 自动对比度

该命令是以RGB综合通道作为依据来扩展色阶的，因此，在增加色彩对比度的同时不会产生偏色现象。也正因为如此，在大多数情况下，增加颜色对比度的效果不如自动色调效果显著。

(3) 自动颜色

该命令除增加颜色对比度以外，还可以对一部分高光和暗调区域进行亮度合并。最重要的是，它把处于128级亮度的颜色纠正为128级灰色。正因为这个对齐灰色的特点，使得它既有可能修正偏色，也有可能引起偏色。

备注："自动颜色"命令只在RGB模式图像中有效。

4. "图像大小"命令

图像就是我们编辑的图层的所有对象，改变图像大小，图像就会按照所设置的数值变化、变形，如图 5-20 所示。

5. "画布大小"命令

"画布大小"命令改变的是图像背景的大小，图像的大小比例不会随着画布的改变而改变，如图 5-21 所示。

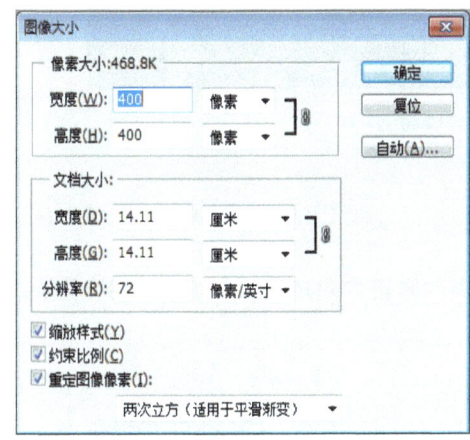

图 5-20 "图像大小"对话框　　　　图 5-21 "画布大小"对话框

6. "图像旋转"命令

根据需要，单击相应的选项来旋转即可。也可以通过"Ctrl ＋ T"快捷键自由地选择角度，如图 5-22 所示。

图 5-22　图像旋转操作

7. "裁剪"命令

裁剪工具可以用来将图片裁大或者裁小，修正歪斜的照片，如图 5-23 所示，灰色区域为被剪去的部分。

图 5-23　裁剪操作

5.1.4 "图层"菜单

"层"的概念在 Photoshop 中非常重要,它是构成图像的重要组成单位,许多效果都可以通过对层的直接操作而得到。用图层来实现效果是一种直观而简便的方法。

图层就像是含有文字或图形等元素的胶片,一张张按顺序叠放在一起,组合起来形成页面的最终效果。图层可以精确定位页面上的元素。在图层中可以加入文本、图片、表格、插件,也可以在里面嵌套图层,如图 5-24 所示。

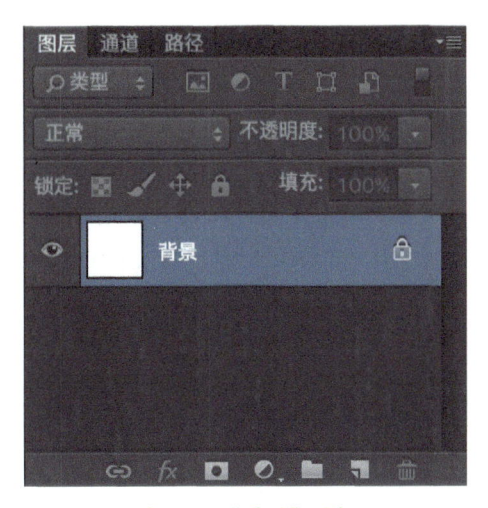

图 5-24 "图层"面板

1. "新建"和"删除"图层

在使用 Photoshop 软件修改、合成、编辑图像文件时,"新建"图层是一种最基本的操作。对于不需要的图层,可以"删除"图层来减少图层数量,如图 5-25 所示。

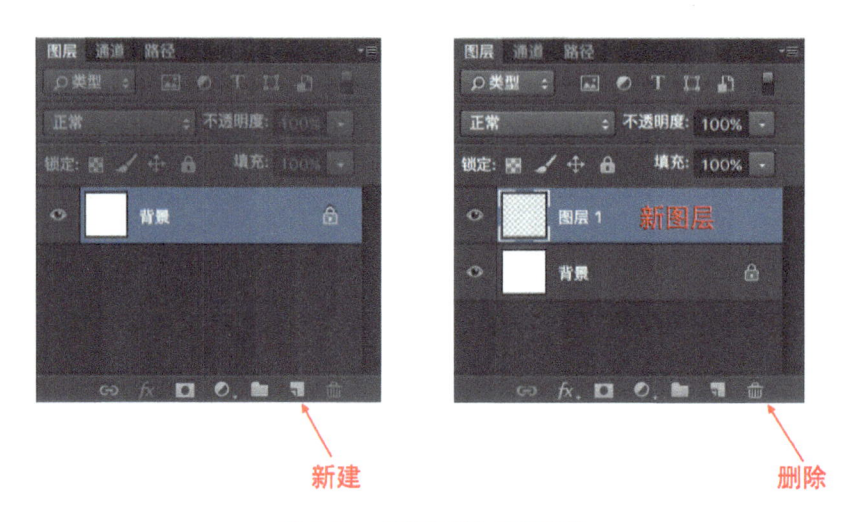

图 5-25　新建和删除图层操作

2. "重命名"图层

在使用 Photoshop 软件编辑图像文件时，需要通过大量的图层来构建设计的各个细节。这时就需要通过"重命名"图层来为图层取名，以便于区分和管理各个图层，如图 5-26 所示。

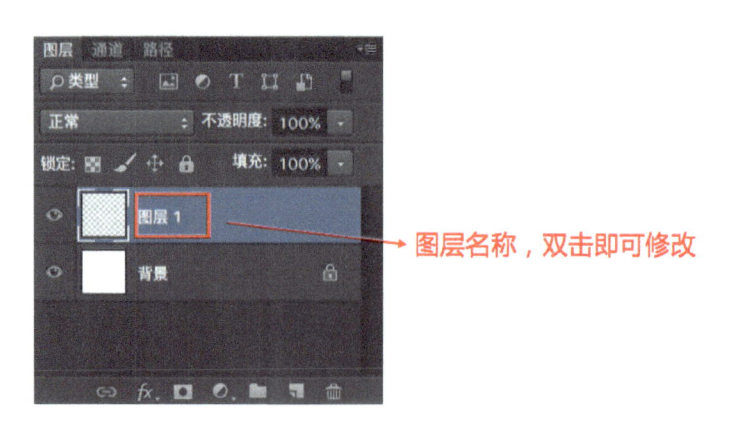

图 5-26　为图层取名

3. "图层编组"命令

图层编组有助于组织项目并保持"图层"面板整洁有序。

在"图层"面板中选择多个图层。执行下列操作之一：选择"图层"—"图层编组"命令；在按住 Alt 键（Windows）或 Option 键（Mac OS）的同时，将图层拖动到"图层"面板底部的文件夹图标上，以对这些图层进行编组，如图 5-27 所示。

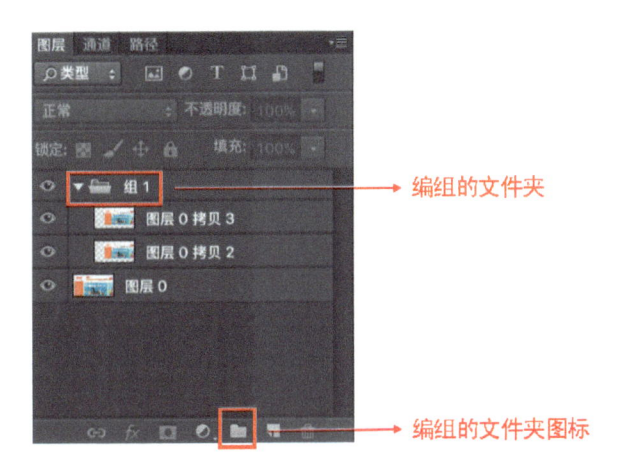

图 5-27 图层编组

要取消图层编组，请选择相应的组，然后选择"图层"—"取消图层编组"命令。

4. "链接图层"命令

使用该命令可以链接两个或更多的图层或者组。与同时选定多个图层不同，链接图层将保持关联，直至取消它们的链接为止。可以对链接图层移动或应用变换，如图 5-28 所示。

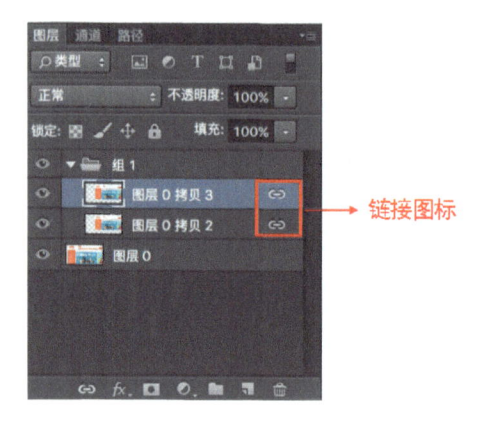

图 5-28　链接图层

5.2　工具栏功能介绍

对图像进行修饰以及绘图等工具，都从工具栏中调用，几乎每种工具都有相应的键盘快捷键。根据功能及作用，将工具栏中的工具划分成 7 大类，如图 5-29 所示。

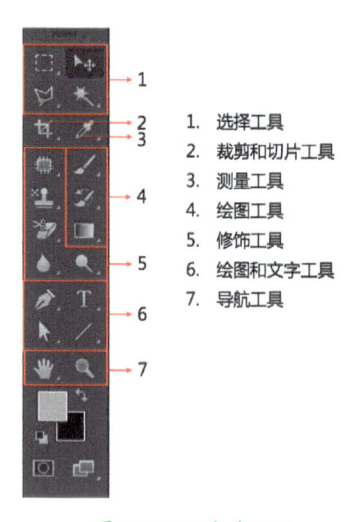

1. 选择工具
2. 裁剪和切片工具
3. 测量工具
4. 绘图工具
5. 修饰工具
6. 绘图和文字工具
7. 导航工具

图 5-29　7 大类工具

5.2.1 选择工具

选择工具主要包含以下几种工具。

1. 选框工具（M）

选框工具共有 4 种，包括：矩形选框工具、椭圆形选框工具、单行选框工具和单列选框工具。

- 矩形选框工具：可以方便地在图像中制作出长、宽随意的矩形选区。操作时，只要在图像窗口中按下鼠标左键并移动鼠标，拖动到合适的大小后松开鼠标左键，即可建立一个简单的矩形选区。
- 椭圆形选框工具：可以在图像中制作出半径随意的椭圆形选区。它的使用方法及工具选项设置与矩形选框工具大致相同。
- 单行选框工具：可以在图像中制作出 1 个像素高的单行选区。
- 单列选框工具：与单行选框工具类似，使用单列选框工具可以在图像中制作出 1 个像素宽的单列选区。

2. 移动工具（V）

移动工具主要用于对图像、图层或选择区域进行移动。使用该工具可以完成排列、组合、移动和复制等操作。

3. 套索工具（L）

套索工具也是一种经常会用到的制作选区的工具，可以用来制作折线轮廓的选区或者徒手绘画不规则的选区轮廓。

套索工具共有 3 种，包括：套索工具、多边形套索工具和磁性套索工具。

- 套索工具：可以用鼠标在图像中徒手描绘，制作出轮廓随意的选区。通常用来勾勒一些形状不规则的图像边缘。
- 多边形套索工具：可以用鼠标在图像中定位一点，然后使用多条线选中要选择的范围。没有圆弧的图像勾边可以使用这种工具，但不能勾出弧线，所勾出的选择区域是由多条线组成的。
- 磁性套索工具：这种工具就像有磁力一样，无须按住鼠标左键而直接移动鼠标，在工具头处会出现自动跟踪的线，这条线总是走向颜色与颜色边界处，边界越明显磁力越强，将首尾连接后即可完成选择。它一般用于颜色与颜色差别比较大的图像选择。

4. 快速选择工具（W）

快速选择工具包括：快速选择工具和魔棒工具。

- 快速选择工具：可以通过调整画笔的笔触、硬度和间距等参数，快速地单击或拖动创建选区。拖动时，选区会向外扩展并自动查找和跟随图像中定义的边缘。
- 魔棒工具：它是 Photoshop 中提供的一种比较快捷的抠图工具。对于一些分界线比较明显的图像，通过魔棒工具可以很快地将图像抠出。用鼠标左键单击选择图像中某颜色，所选择的颜色要求具有相同的范围，对于其相同程度，可以双击魔棒工具，在屏幕右上角的容差值处调整容差度，数值越大，表示魔棒工具所选择的颜色差别越大；反之，颜色差别越小。

5.2.2 裁剪和切片工具

使用裁剪工具可以对图像进行任意裁剪，重新设置图像的大小。

切片工具最大的用处就是可以将一张大图片分割为多张小图片。由于网页中的图片所占比例越来越大，如果采用切片工具将图片切割成多个小片，则可以减少登录时间，加快数据传送速度。

5.2.3 测量工具

测量工具主要包括：吸管工具、颜色取样器工具、标尺工具和注释工具。

1. 吸管工具（I）

吸管工具用于选取图像上鼠标左键单击处的颜色，并将其作为前景色。一般要用到相同的颜色，而在色板上难以选择时，宜用该工具。用鼠标左键单击该颜色即可吸取。

2. 颜色取样器工具（I）

该工具主要用于对图像的颜色组成进行对比，它只可以取出4个样点，每个样点的颜色组成如RGB或CMYK等都在右上角的选项栏上显示出来。一般印刷使用得多。

3. 标尺工具（I）

选择该工具后在图像上拖动，可拉出一条线段，在选项面板中则显示出该线段起始点的坐标、始末点的垂直高度、水平宽度、倾斜角度等信息。

4. 注释工具（I）

注释工具包含一个笔注释工具和一个声音注释工具。笔注释工具用于生成文字形式的附加注释文件。声音注释工具用于生成声音形式的附加注释文件。

5.2.4 绘图工具

绘图工具在使用中都有笔刷的应用，不同笔刷做出来的效果不相同。

1．画笔工具（B）

该工具主要用于绘制图像，用手工直接绘制；可设置不透明度，改变绘画颜色的深浅。

2．铅笔工具（B）

该工具主要是模拟平时画画所用的铅笔。选择这工具后，在图像中按住鼠标左键不放并拖动，即可进行画线。它与喷枪、画笔的不同之处是所画出的线条没有蒙边。笔头可以在右边的画笔中选择。

3．历史记录画笔工具（Y）

该工具的主要作用是恢复图像最近保存的效果或打开图像原来的样子。如果对打开的图像操作后没有保存，那么使用这工具可以恢复图像原来打开的样子；如果对图像保存后再继续操作，则使用该工具可以恢复图像保存后的样子。

4．渐变工具（G）

该工具主要是对图像进行渐变填充。双击渐变工具，在右上角上会出现渐变类型，在图像中按住鼠标左键拖动到另一处放开即可设置渐变方向。如果想对图像进行局部渐变，则要先选择一个范围，然后再进行渐变操作。

5．油漆桶工具（G）

该工具主要用来填充颜色，其填充的颜色和魔棒工具相似。它只是将前景色填充为一种颜色，其填充程度由右上角的选项容差值决定，其值越大，填充的范围越大。

5.2.5 修饰工具

使用修饰工具可以对图像进行仿制、修复、模糊、锐化等操作，使图像产生涂抹效果，以及色彩减淡、加深，改变图像色彩的饱和度等。

1. 污点修复画笔工具（J）

利用污点修复画笔工具可以快速移去图像中的污点和其他不理想部分。

2. 修复画笔工具（J）

修复画笔工具可用于校正瑕疵，使它们消失在周围的图像中。还可以将样本像素的纹理、光照、透明度和阴影与源像素进行匹配，从而使修复后的像素不留痕迹地融入图像的其余部分。

3. 仿制图章工具（S）

仿制图章工具可用于从图像中取样，并将取样复制到其他图像中或同一图像的不同部位。用法：将鼠标指针移动到想要取样的图像上，然后在按住 Alt 键的同时单击鼠标左键，这个取样点就是复制图像的位置。

4. 图案图章工具（S）

图案图章工具用于将所定义的选区作为图案，并将该图案复制到其他图像中或同一图像的不同部位。用法：将鼠标指针移动到想要取样的图像上，然后在按住 Alt 键的同时单击鼠标左键，这个取样点就是复制图像的位置。

5. 橡皮擦工具（E）

该工具可将像素更改为背景色或透明。如果正在背景中或已经锁定透明度的图层中工作，像素将更改为背景色；否则，像素将被抹成透明状态。

6. 背景橡皮擦工具（E）

该工具可在拖动时将图层上的像素抹成透明状态，从而可以在抹除背景的同时在前景中保留对象的边缘。通过指定不同的取样和容差选项，可以控制透明度的范围和边界的锐化程度。

7. 魔术橡皮擦工具（E）

在图层中单击时，该工具会将所有相似的像素更改为透明状态。如果在已锁定透明度的图层中工作，这些像素将更改为背景色；如果在背景中单击，则可以将背景转化为图层并将所有相似的像素更改为透明状态。

8. 模糊工具

该工具主要用于对图像进行局部模糊，按住鼠标左键不断拖动即可操作，一般用在颜色与颜色之间比较生硬的地方加以柔和，以及用在颜色与颜色过渡比较生硬的地方。

9. 锐化工具

与模糊工具相反，锐化工具是对图像进行清晰化。它在作用的范围内使全部像素清晰化，用于增加边缘的对比度，以增强外观上的锐化程度。使用该工具在某个区域操作的次数越多，增强的锐化效果就越明显。

10. 涂抹工具

使用该工具可以将颜色抹开，好像一幅图像的颜料未干而用手去抹使颜色走位一样，一般用在颜色与颜色之间的边界生硬或颜色与颜色之间衔接不好的地方，将过渡颜色柔和化，有时也会用在修复图像的操作中。

11. 减淡工具（O）

该工具也可以称为加亮工具，主要是对图像进行加光处理，以达到减淡图像颜色的效果。其减淡的范围可以在右边的画笔处选取笔头大小。

12. 加深工具（O）

与减淡工具相反，该工具主要是对图像进行变暗处理，以达到加深图像颜色的效果。其加深的范围可以在右边的画笔处选取笔头大小。

13. 海绵工具（O）

使用该工具可精确地更改图像区域的色彩饱和度。当图像处于灰度模式时，该工具通过使灰阶远离或靠近中间灰色来增加或降低对比度。

5.2.6 绘图和文字工具

通过绘图和文字工具可以实现各种适量图形的绘制，以及文字排版的选择。

1. 钢笔工具（P）

钢笔工具用来勾画路径。路径是一个矢量图形，在属性栏上有3个选项：形状图层、路径和填充图层。

形状图层以图层作为颜色板，使用钢笔勾画的形状作为矢量蒙板来显示颜色。当改变矢量蒙板的形状时，图像中显示的颜色区域也随之改变，但改变的只是形状，颜色图层并没有改变。

路径是以钢笔工具所勾画的形状而存在的一种矢量图形，可以转换成选区。当多条路径相互交错时，根据属性栏上的选项，有并集、差集、交集、重叠（去除相交的部分），可以产生不同的选区。

填充图层在使用钢笔工具时是用不了的，在使用形状工具时才能用。

2. 自由钢笔工具（P）

自由钢笔工具跟钢笔工具的作用是一样的，在属性栏上有一个磁性选项，可以将自由钢笔工具转换为磁性钢笔工具。

自由钢笔工具与套索工具相似，可以在图像中按住鼠标左键不放直接拖动勾画出一条路径。它还包含了锚点功能。

磁性钢笔工具与磁性套索工具有些相似，所勾画的路径也像有磁性一样，自动偏向颜色与颜色的边界处，其磁性的吸力可以通过右上角的"频率"进行调整，数值越大，吸力越大。

添加锚点是指在已经勾画好的路径上每单击一次就可以增加一个锚点。删除锚点和添加锚点正好相反。

转换锚点是指将路径上的锚点性质相互转换，将平滑锚点转换成角点，将角点转换成平滑锚点。在进行平滑锚点操作时，拖动其控制手柄可改变路径的形状。

3. 文字工具（T）

使用该工具可在图像中输入文字。选中该工具后，在图像中单击一下出现对话框即可输入文字。输入文字后，还可双击该图层对文字加以编辑。在对话框中可任意选择颜色，还可通过横排和直排来改变文字的排版方式。

4. 路径工具（A）

使用路径工具只能选取矢量路径，包括形状和使用钢笔工具勾画的路径。被选择的路径可以进行复制、移动、变形等操作。

直接选择工具可以选取单个锚点，并可以对其进行操作、移动、变形等，按住 Alt 键也可以复制整条路径或形状。

5. 形状工具（U）

形状工具分为矩形、圆角矩形、椭圆形、多边形、直线和自定义形状。除直线工具和自定义形状工具外，其他的工具均可看成 Photoshop 中的基本形状。使用形状工具勾勒出来的图形都属于矢量图形。

5.2.7 导航工具

通过导航工具可以将 Photoshop 中的文件视图进行自如的缩放和抓取图像的局部，以方便地看到局部的图像。

1. 抓手工具（H）

当图像不能全部显示在画面中时，可通过抓手工具移动图像，但移动的是视图而不是图像，它并不改变图像在画布中的位置。双击抓手工具可以将图像全部显示在画面中。在使用其他工具时，按住空格键可临时切换为抓手工具。按"Ctrl+0"键可将视图满画布显示。

2. 旋转视图工具（R）

旋转视图工具是一个非常实用的画布旋转工具。与"图像"菜单中的"旋转画布"命令有点不同，使用该命令在旋转任意角度时会改变画布的大小，而这个工具则不会。旋转视图工具的操作也非常简单，选择这个工具后用鼠标左键按住拖动，画布就会旋转，这样可以方便我们以喜欢的角度进行图像处理。同时在属性栏上有一个复位按钮，方便做好效果后快速回到之前的位置。

3. 缩放工具（Z）

缩放工具也称为放大镜工具，可以放大和缩小图像，显示倍数最大为1600%，最小为0.22%，双击放大镜工具可将图像按100%的比例显示。在使用其他工具时，按住"Ctrl+空格键"可临时切换为放大镜。按"Ctrl+−"键为缩小显示倍数，按"Ctrl++"键为放大显示倍数。

5.3 常用控制面板功能介绍

Photoshop 的控制面板主要包括：图层、通道、路径、调整、样式、颜色、色板、历史纪录、属性等。

除上面提到的基本功能外，Photoshop 总共为我们提供了多达 20 种功能设置，单击"窗口"菜单，在下拉列表中即可看到。想要添加其中某个功能，只需要单击即可，添加至控制面板后，前面会加上对钩（√）符号。

毕竟窗口面积有限，当某个不常用的功能不使用时，将其从控制面板中去除可以使界面看上去更加整洁，有助于提高工作效率。去除功能的方法很简单，选中某个功能后用鼠标左键单击即可，去除后，此功能前的对钩（√）会消失，控制面板中的某个功能也会消失。

5.3.1 "颜色"面板

"颜色"面板显示当前前景色和背景色的颜色值。通过拖动"颜色"面板中的滑块，可以使用几种不同的颜色模型来编辑前景色和背景色。也可以从位于面板底部的四色曲线图的色谱中选取前景色和背景色，如图 5-30 所示。

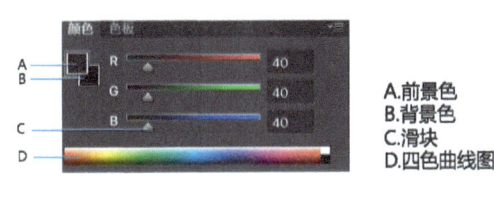

图 5-30 "颜色"面板

5.3.2 "色板"面板

"色板"面板可存储经常使用的颜色。可以在"色板"面板中添加或删除颜色，或者为不同的项目显示不同的颜色库，如图 5-31 所示。

图 5-31 "色板"面板

5.3.3 "字符"面板

"字符"面板提供用于设置字符格式的选项。在选项栏中也提供了一些格式设置选项，如图 5-32 所示。

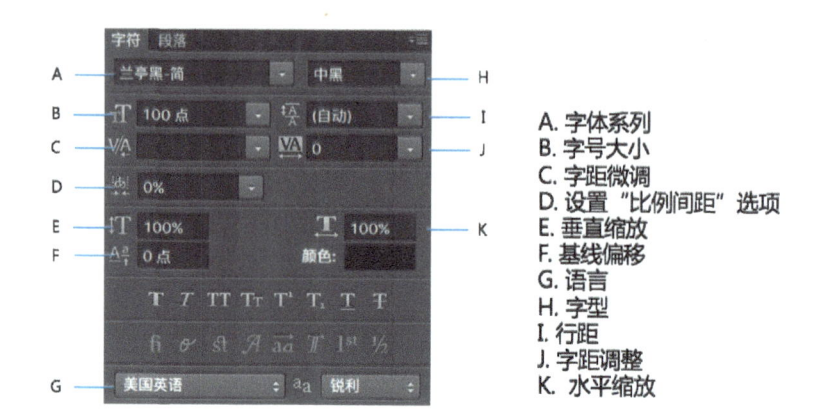

图 5-32 "字符"面板

5.3.4 "段落"面板

使用"段落"面板可更改列和段落的格式设置，如图 5-33 所示。

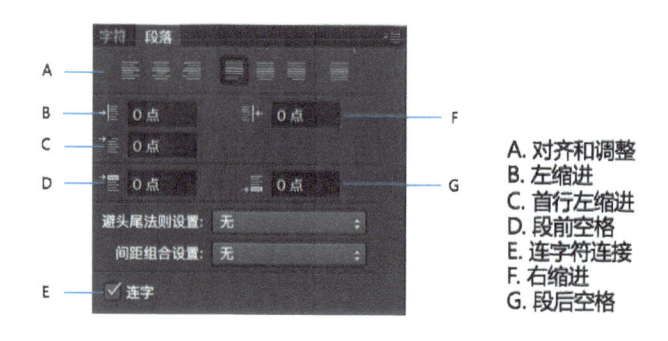

图 5-33 "段落"面板

5.3.5 "图层"面板

"图层"面板列出了图像中的所有图层、图层组和图层效果。可以使用"图层"面板来显示和隐藏图层，创建新图层，以及处理图层组。可以在"图层"面板菜单中访问其他命令和选项，如图 5-34 所示。

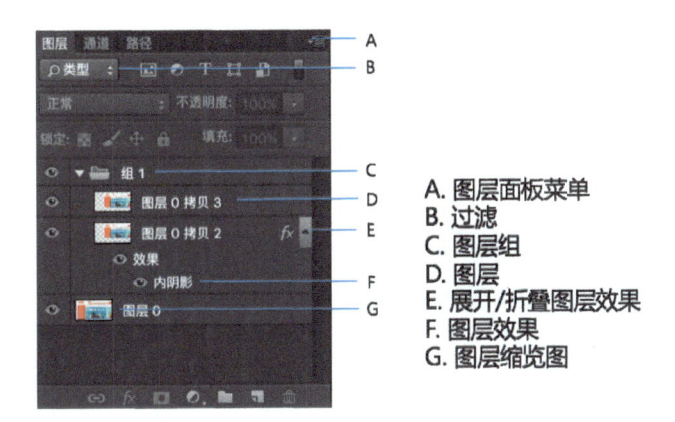

图 5-34 "图层"面板

A. 图层面板菜单
B. 过滤
C. 图层组
D. 图层
E. 展开/折叠图层效果
F. 图层效果
G. 图层缩览图

5.3.6 "通道"面板

"通道"面板列出了图像中的所有通道，对于 RGB、CMYK 和 Lab 图像，将最先列出复合通道。通道内容的缩览图显示在通道名称的左侧；在编辑通道时会自动更新缩览图，如图 5-35 所示。

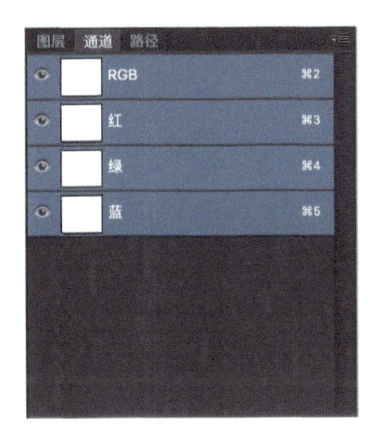

图 5-35 "通道"面板

第 6 章

电商设计店铺页面装修介绍

6.1 店铺界面介绍

网上店铺首页的功能跟线下店铺其实是一样的,所以线上店铺的一些功能区块跟线下店铺的陈列布局是有对应关系的。店铺首页在功能上是为了展现店铺产品,方便消费者选择,在视觉上是为了体现并传达品牌调性。如图 6-1 和图 6-2 所示是网店与实体店的对比。

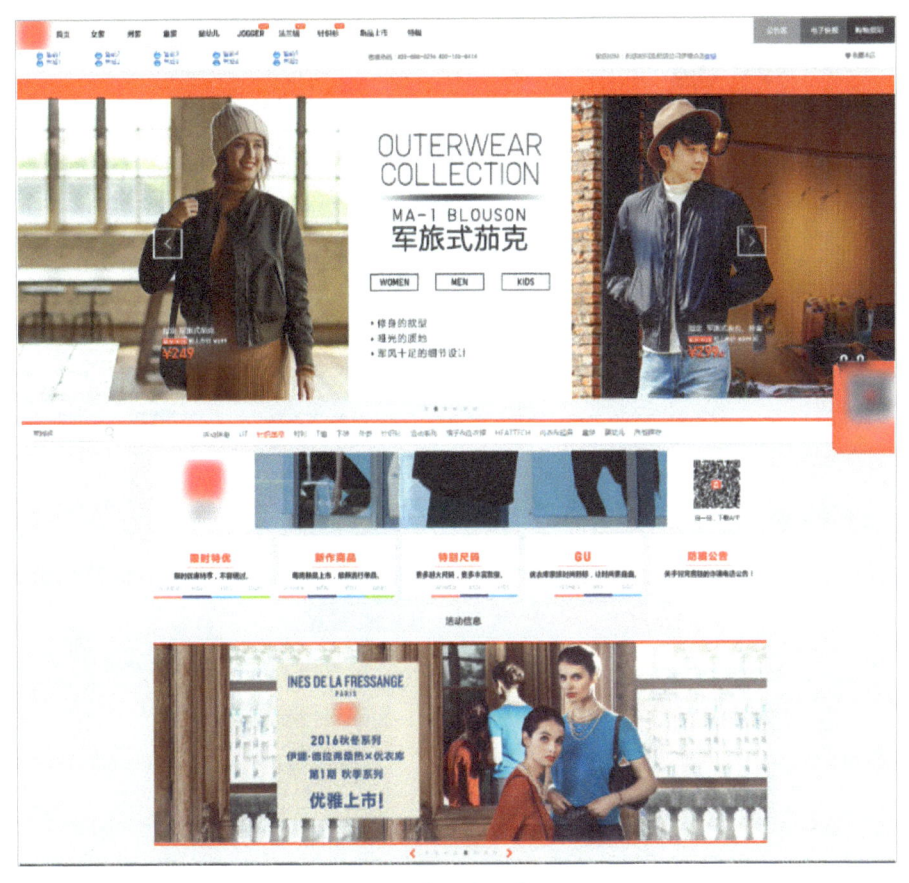

图 6-1　某品牌网店页面

图 6-2　某品牌线下门店

网店与线下门店的对应关系如图 6-3 所示。

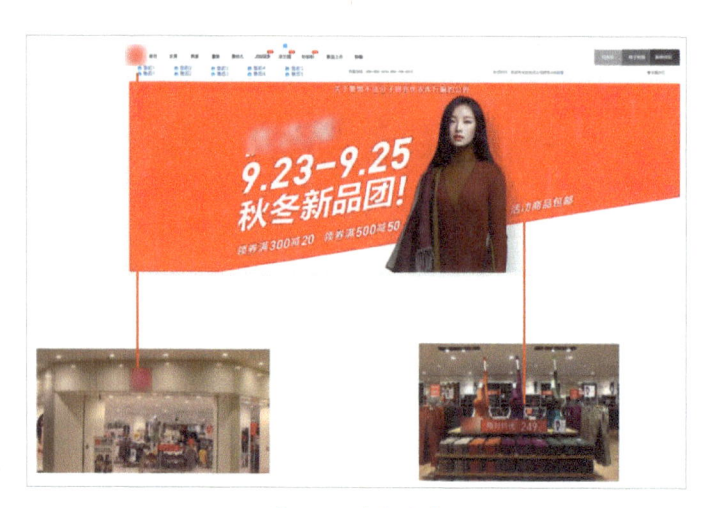

图 6-3　对应关系

页头对应店铺门头，促销海报对应线下门店的显眼位置的促销信息。如图 6-4 所示，店铺的产品分类陈列模块与线下门店的橱窗功能一致。

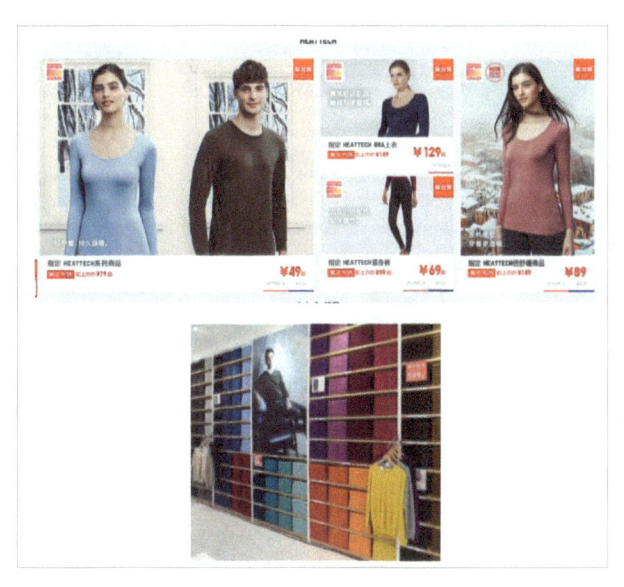

图 6-4　页头对应店铺门头

如图 6-5 所示，店铺的客服模块相当于线下门店的客服或者导购人员。

图 6-5　客服的线下线上对应

如图 6-6 所示，店铺的详情页模块是介绍产品与营销的地方，它不仅相当于产品的说明书，还相当于产品的营销人员。

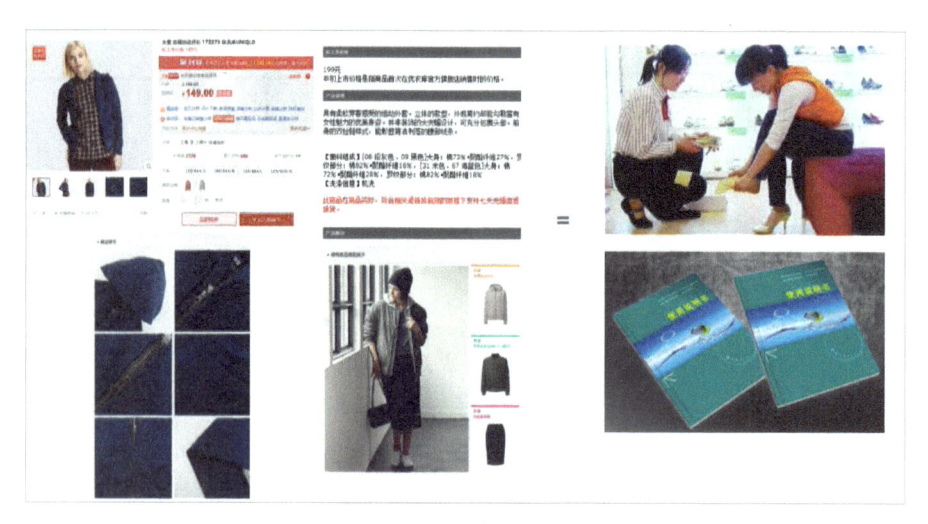

图 6-6　详情页模块

6.2　无线端和 PC 端的店铺装修介绍

淘宝网的页面经过十几年的发展,实现了从 PC 端到无线端的过渡,如图 6-7 和图 6-8 所示为以前和现在的淘宝网首页的布局与内容。

图 6-7　以前的淘宝网首页布局与内容

第 6 章　电商设计店铺页面装修介绍 | 85

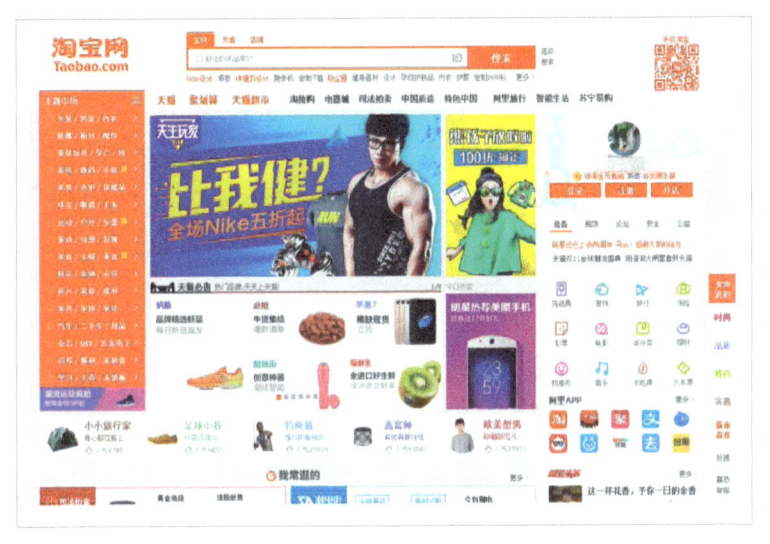

图 6-8　现在的淘宝网首页布局与内容

在以前的无线端模块后台只能编辑一个页面，如图 6-9 所示。

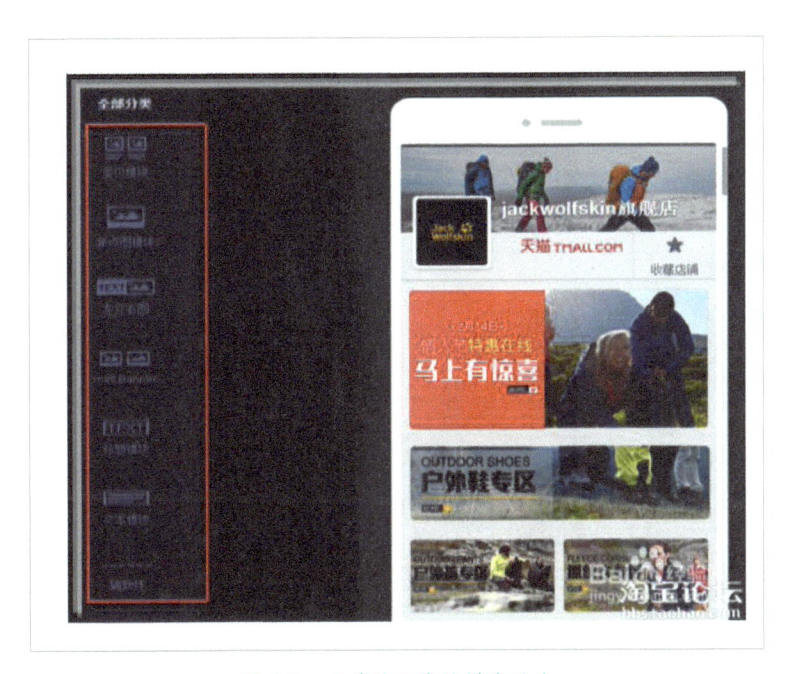

图 6-9　以前的无线端模块后台

现在的无线端模块可以新建很多首页页面，为不同的人展现不同的内容，如图 6-10 所示。

图 6-10　现在的无线端模块

如图 6-11 所示的店铺，制作了一个针对近 360 天内没有成交的新客的页面，在页面中设置了优惠活动，当新客进入首页时就会看到这些活动，那么这部分人群的转化就会高一些。

图 6-11　页面中的优惠活动

现在的后台装修页面中也有很多丰富的自定义选项，如图 6-12 所示。

图 6-12　自定义选项

6.3　店铺装修步骤

店铺装修步骤如下。

（1）进入装修后台，单击"店铺装修"按钮，如图 6-13 所示。

（2）在装修页面中，可以看到"手机端"和"PC 端"选项，如图 6-14 所示。

图 6-13　店铺装修步骤

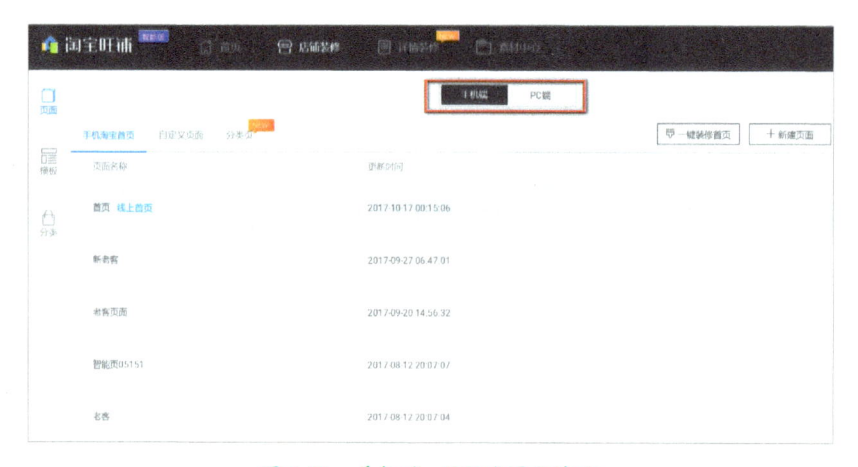

图 6-14　手机端、PC 端页面选项

（3）进入电脑页面装修后台，单击"首页"—"布局管理"，可以对页面布局进行规划，如图 6-15 所示。

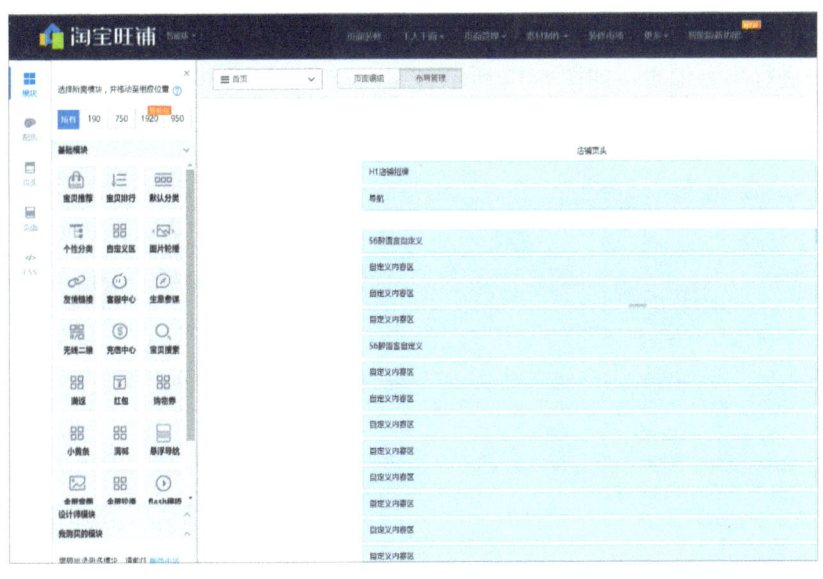

图 6-15　布局管理

（4）在左侧工具栏中单击"页面"，可以进行页面背景色、页面背景图的设置；单击"页头"，可以进行背景显示方式、背景对齐方式的设置，如图 6-16 所示。

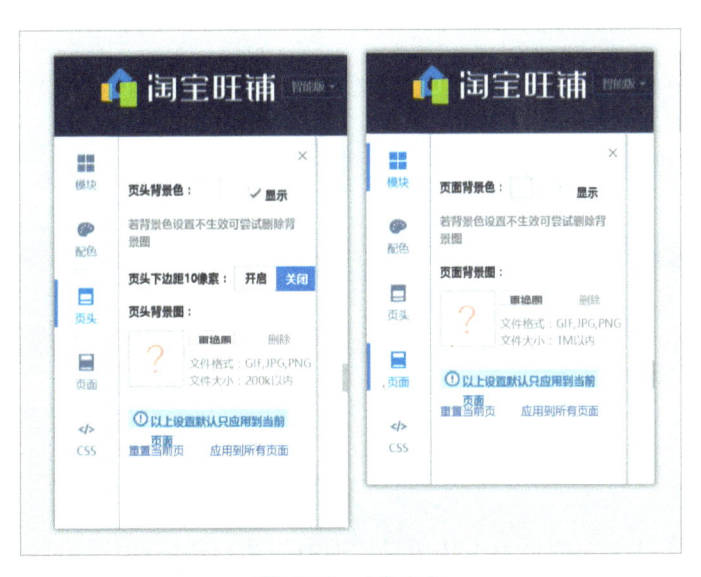

图 6-16　对齐方式

（5）在"模块"中有很多模块供选择，选定模块后拖曳到页面中就可以对该模块进行单独编辑，如图 6-17 所示。

图 6-17　编辑模块操作

（6）如图 6-18 所示是图片轮播模块。

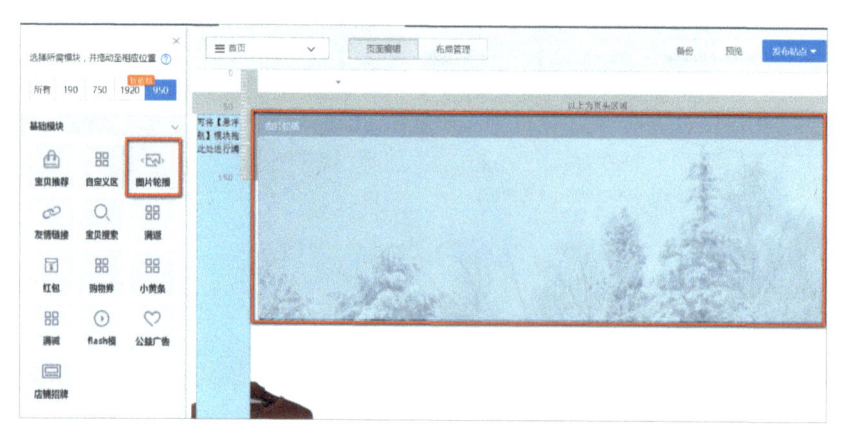

图 6-18　图片轮播模块

（7）在图片空间的后台上传所设计的海报图，然后在这里可以选择这张图片进行添加或者输入相应的链接地址，如图 6-19 所示。

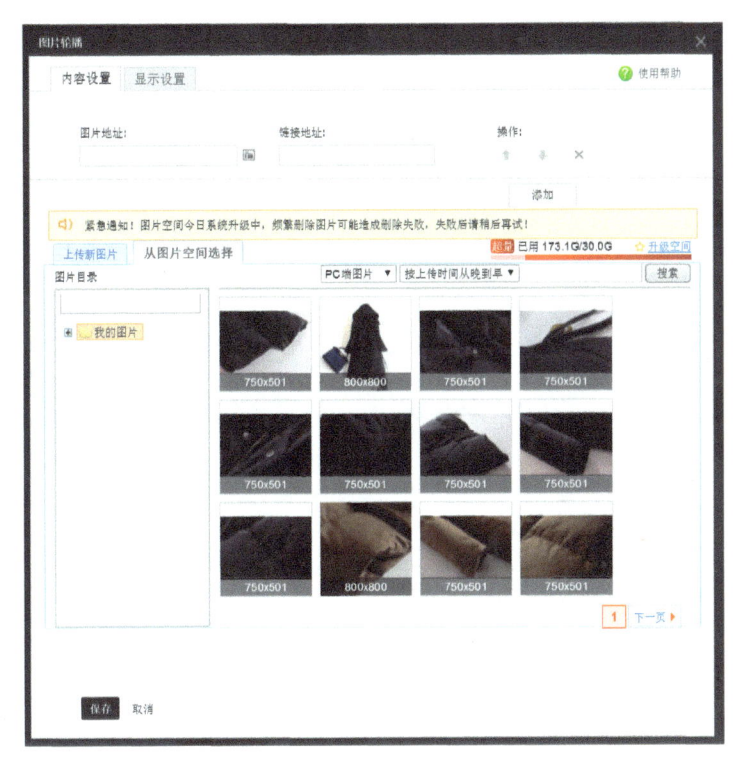

图 6-19　给图片添加链接

（8）在这里可以选择很多页面进行装修，包括首页、宝贝详情页、宝贝列表页和自定义页等，如图 6-20 所示。

图 6-20　多页面装修选项

(9)装修完页面后就可以发布了,如图 6-21 所示。

图 6-21　发布操作

(10)手机页面装修与之类似,进入手机页面装修后台,把左侧的模块拖曳到右侧的页面中,如图 6-22 所示。

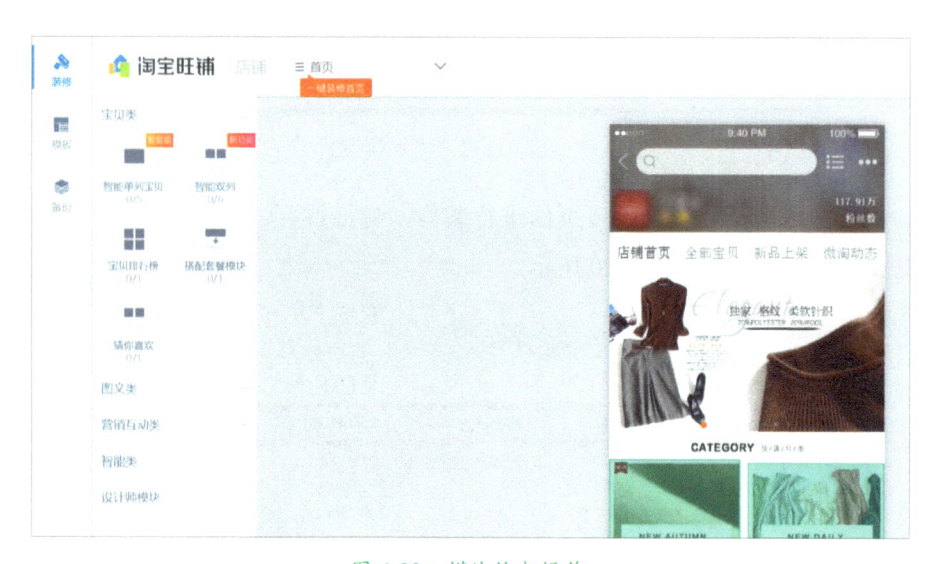

图 6-22　模块拖曳操作

(11)每个模块都是在右侧进行内容编辑的,如图 6-23 所示。

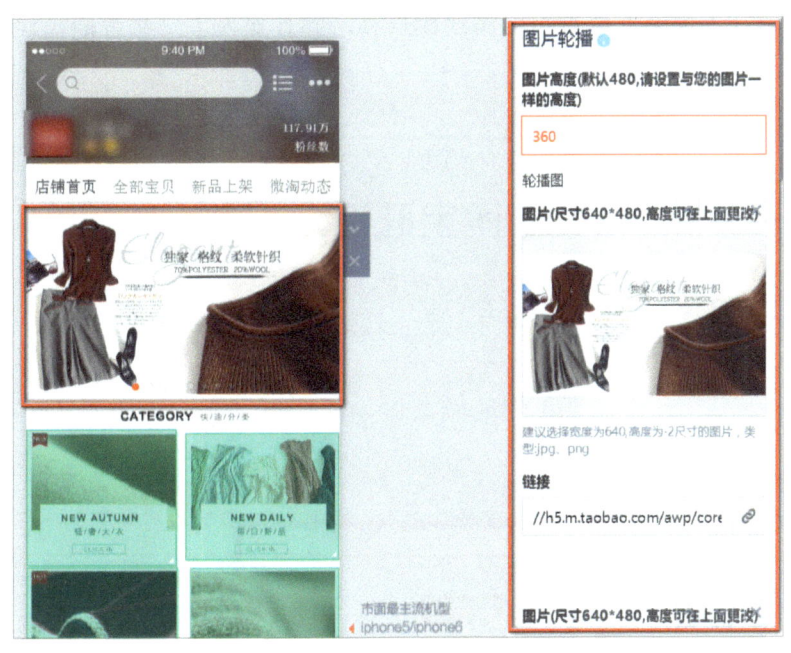

图 6-23　在右侧进行内容编辑

（12）例如倒计时模块的编辑，可以填写活动链接与活动时间，如图 6-24 所示。

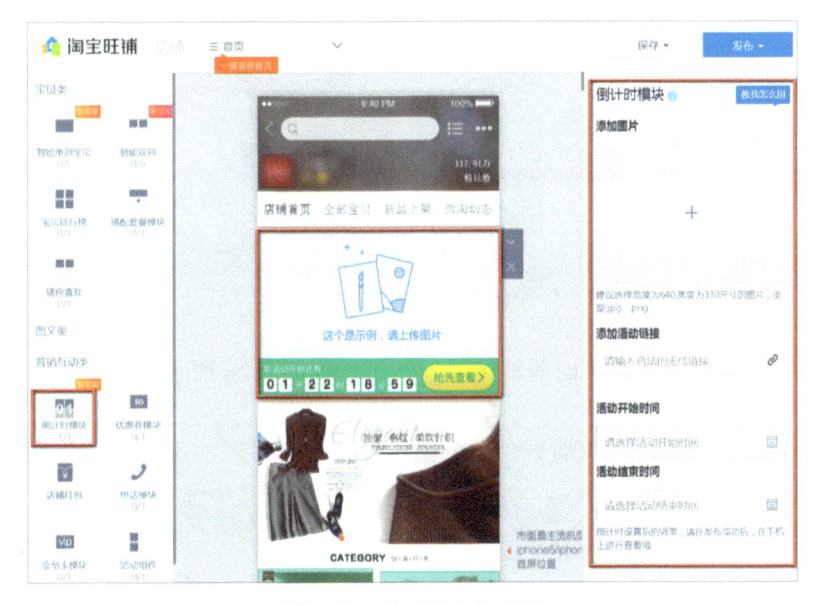

图 6-24　活动链接与时间

（13）在"模块"中有很多模块供选择，并且加入了一些智能模块，如图 6-25 所示。

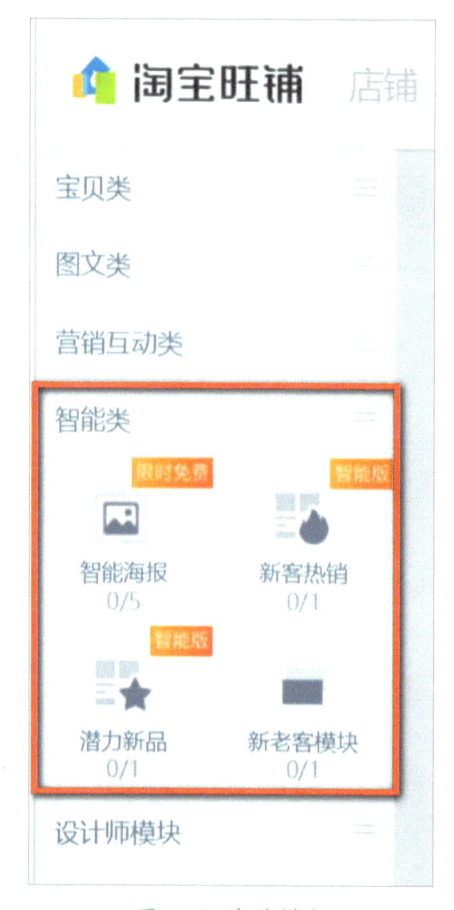

图 6-25　智能模块

（14）装修完无线端页面后就可以发布了，如图 6-26 所示。

（15）最后可以在无线端后台对页面进行查看与管理，可以任意切换编辑首页模块，如图 6-27 所示。

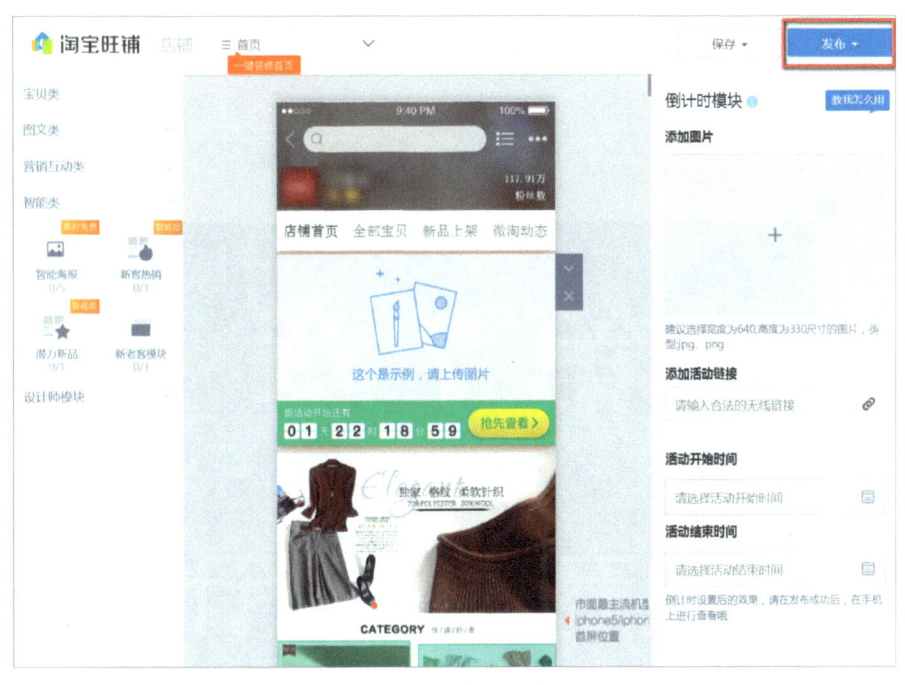

图 6-26 发布操作

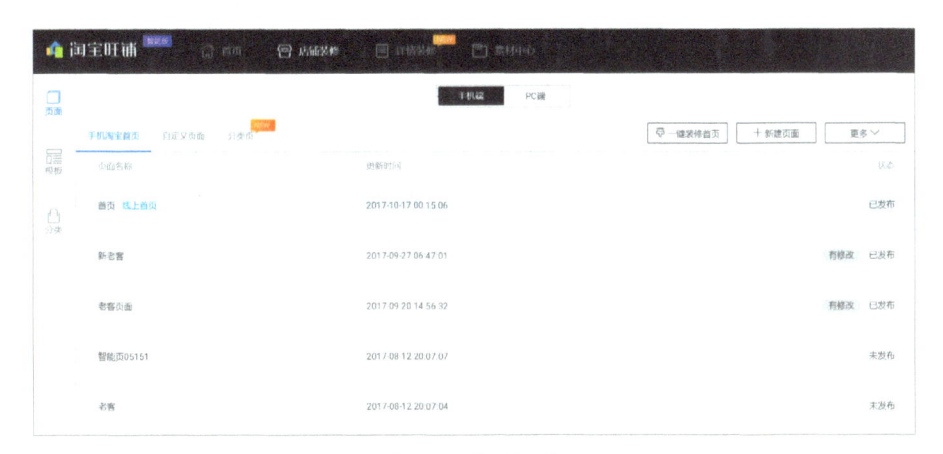

图 6-27 切换编辑

第 7 章

电商后台设计名词解释

越来越多的人选择在淘宝开店，拥有自己的淘宝网店很简单，但如何打理好店铺，提升店铺的信誉和销售量是关键，那么装修好自己的店铺就特别重要。下面针对图 7-1 所示进行介绍。

图 7-1　装修示意图

7.1　页面管理

淘宝后台的页面管理由新建页面、基础页 - 首页、宝贝详情页、宝贝列表页、活动页组成。通过编辑这些模块就可以全面地对淘宝店铺进行美化装修。

1．新建页面

在新建页面中可以新建两类页面，即自定义页面和宝贝详情模板。

自定义页面是什么？

自定义页面提供了个性化装修的功能，使用场景丰富多样。活动页面：热卖、上新、促销活动；店铺介绍：品牌故事、企业文化；会员专区：老顾客爱去的地方；合作招募：寻找志同道合的商业伙伴；售后活动：评价有礼、买家秀。你可以将自定义页面添加为导航菜单或轮播图片的链接等。

宝贝详情模板是什么？

宝贝详情模板就是展示各个宝贝的详情页面，所有宝贝都可以单独进行个性化装修，让装修与搭配更精准，如图 7-2 所示。

图 7-2　新建页面

2．店铺首页

店铺首页是整体展示店铺品牌形象的页面，以及店铺流量的中转站。首页就好比店铺的脸，一张美的脸可以让人过目不忘，甚至流连忘返！那么一个好的店铺也会带来相同的效应。

3. 宝贝详情页

宝贝详情页就是当买家在店铺看见一个宝贝后，点击进去看到的页面，其中有宝贝的大图和宝贝的详细介绍。通过该页面可以详细地了解到产品的材质、尺寸、细节、功能等，以及与产品息息相关的说明等。

4. 宝贝列表页

通过淘宝店铺内的搜索进入宝贝搜索页面，该页面会罗列出店铺中所有的产品。宝贝列表页是根据分类确定的。

5. 活动页

活动页又名"承接页面"，指的是一个独立页面，它的功能和首页一样，可以放产品展示、活动介绍、品牌介绍等。

7.2 功能区域

功能区域的主要作用是配合店铺页面装修的各个功能模块，主要由模块、配色、页头、页面、CSS 组成。

1. 模块

页面的组成模块选区，通过不同模块的选择搭配，组合成不同功能的页面。

2. 配色

当前模板可以选择的整体配色方案。

3. 页头

设置页头背景图显示与否。

4. 页面

这是专业版旺铺才有的功能，主要作用是对页面的背景进行设置。

5. CSS

这是专业版旺铺才能订购的功能，主要通过编写代码来实现页面效果的呈现。

7.3 页面操作

页面操作由页面编辑、布局管理以及备份、预览和发布组成。

1. 页面编辑

对页面模块所呈现的效果、样式等进行编辑，如图7-3所示。

2. 布局管理

通过对淘宝店铺结构的调整、修改模块来实现页面最终呈现样式，如图7-4所示。

图 7-3 "宝贝推荐"栏目设置

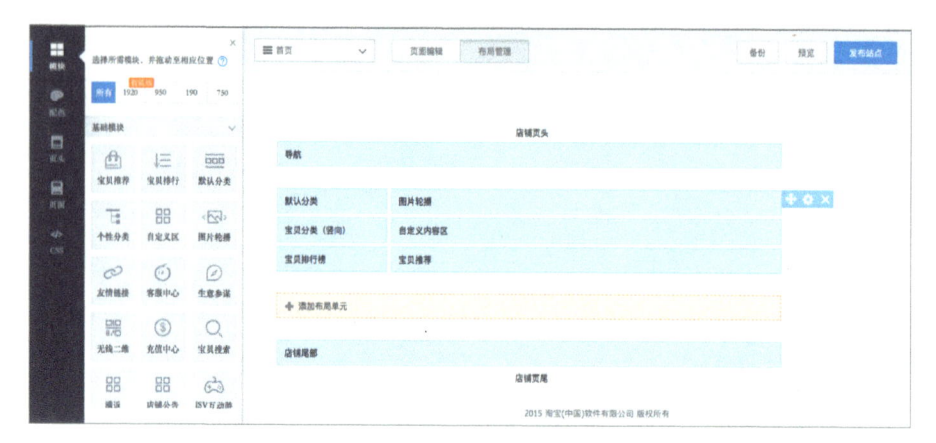

图 7-4　页面设置

3. 备份、预览和发布

当页面编辑完成后,需要通过备份、预览和发布组合功能来实现最终页面的呈现。

- 备份就是对现有的页面装修状态进行存储,对错误的页面操作结果进行还原。
- 预览就是对当前的装修状态最终呈现的效果进行提前观看。
- 发布就是对当前页面的装修结果进行最终展示。

7.4　旺铺版本

旺铺版本主要有 3 类:基础版、专业版和旺铺智能版。

1. 基础版和专业版

基础版是淘宝原始的旺铺版本,淘宝只提供基础功能的使用。专业版则是在基础版的基础上增加了更多的装修功能以及模板数量,如图 7-5 所示。

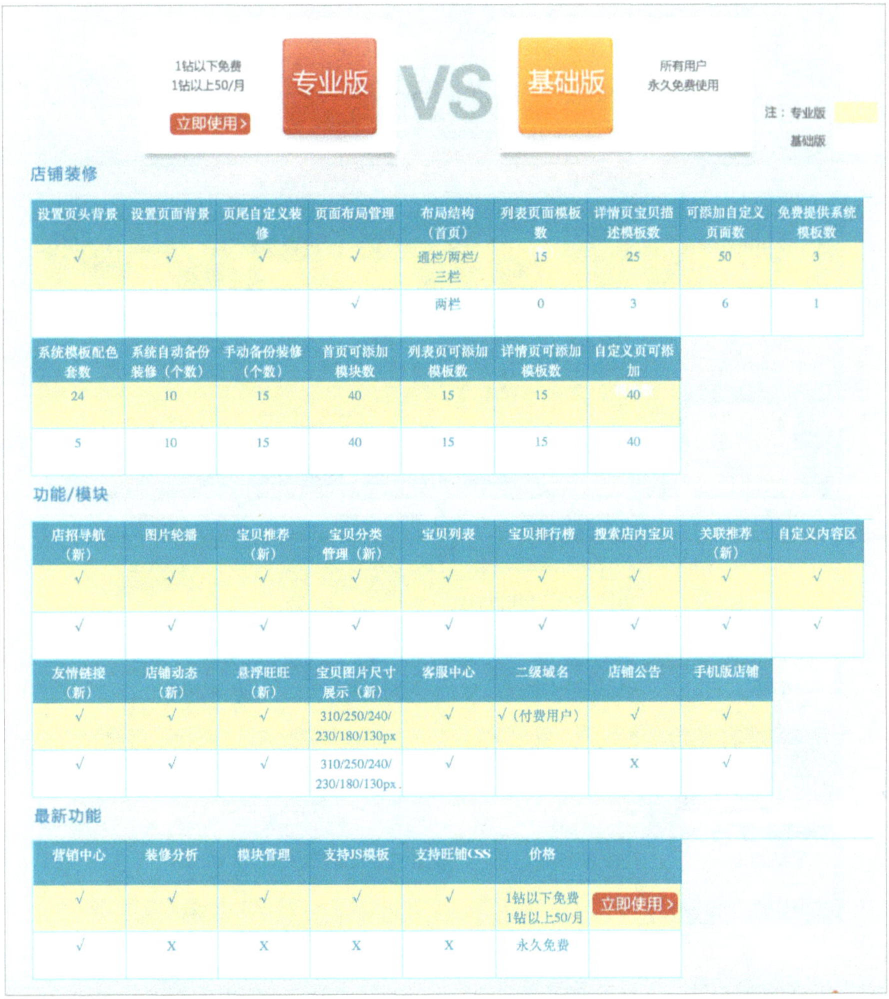

店铺装修

设置页头背景	设置页面背景	页尾自定义装修	页面布局管理	布局结构（首页）	列表页面模板数	详情页宝贝描述模板数	可添加自定义页面数	免费提供系统模板数
√	√	√	√	通栏/两栏/三栏	15	25	50	3
			√	两栏	0	3	6	1

系统模板配色套数	系统自动备份装修（个数）	手动备份装修（个数）	首页可添加模块数	列表页可添加模板数	详情页可添加模板数	自定义页可添加
24	10	15	40	15	15	40
5	10	15	40	15	15	40

功能/模块

店招导航（新）	图片轮播	宝贝推荐（新）	宝贝分类管理（新）	宝贝列表	宝贝排行榜	搜索店内宝贝	关联推荐（新）	自定义内容区
√	√	√	√	√	√	√	√	√
√	√	√	√	√	√	√	√	√

友情链接（新）	店铺动态（新）	悬浮旺旺（新）	宝贝图片尺寸展示（新）	客服中心	二级域名	店铺公告	手机版店铺
√	√	√	310/250/240/230/180/130px	√	√（付费用户）	√	√
√	√	√	310/250/240/230/180/130px.	√		X	√

最新功能

营销中心	装修分析	模块管理	支持JS模板	支持旺铺CSS	价格	
√	√	√	√	√	1钻以下免费 1钻以上50/月	立即使用>
√	X	X	X	X	永久免费	

图 7-5　装修功能等说明

2．旺铺智能版

旺铺智能版在 PC 专业版的基础上，提供了更丰富的无线装修功能和营销玩法，提升你的装修效率和数据化运营能力，如图 7-6 所示。

图 7-6　旺铺智能版

7.5　装修模板

　　装修模板需要通过淘宝装修后台的装修市场进行购买。装修模板是由专业的设计师设计的，不会设计的淘宝卖家通过装修模板也能把店铺装饰得美观华丽，如图 7-7 所示。

图 7-7　精美的装修模板

7.6　图片空间

淘宝官方图片空间是由淘宝存储和管理图片的场所。买家所看到的宝贝详情页面中的图片和店铺装修图片都需要存储在淘宝官方图片空间中，如图 7-8 所示。

图 7-8　图片空间

第 3 篇

客服

第 8 章　客服认知

第 9 章　学习规则

第 10 章　平台交易流程

第 11 章　千牛的应用

第 8 章

客服认知

8.1 客服概述

电商客服人员是指在电商平台负责销售产品和提供服务的工作人员。这里所说的客服人员是指淘宝店铺或天猫店铺的在线接待工作人员,其主要工作内容是在线提供销售及售后问题处理服务。

在线客服与线下门店的客服有着很大的区别。线下门店的客服在与顾客沟通时,可以观察到客户的表情、关注产品的眼神,从而推敲顾客的心理,并能够通过自身的肢体语言、语音语调、微笑的表情而让顾客感受到优质的服务。最关键的是顾客到线下门店购买产品,可以看到产品实物,对产品有直观的感知,毕竟决定顾客买或不买的关键因素是产品本身。但是网络购物则不一样,顾客看不到产品实物,就会产生疑问,通常对于这些疑问如果产品描述页面并没有表述清楚或没有涉及,顾客就会咨询在线客服。在线客服在顾客看不到实物的前提下进行推荐,难度要比线下门店大得多。

在线下门店中,顾客因为看到实物,像服装、鞋帽、护肤品等还会试用后再购买,大大降低了售后退换货的风险。而对于网络购物,因为顾客的购买行为是在没有感受到实物的前提下产生的,所以售后问题比线下门店要多。因此,在线客服不仅仅要完成销售,还要处理众多原因的售后问题。

一个优秀的客服能够从顾客的角度出发,让顾客选择相信他,从而下单购买商品。客服要做的不仅仅是推销出去产品,还要了解顾客对产品的需求,以及使用产品后的反馈建议,并且将顾客的反馈分类汇总。比如服装,如果很多顾客都反馈某一件衣服掉色,那么客服就会收集这条信息并反馈到产品部门,产品部门就要从面料或者工艺上去解决这个问题;如果顾客反馈某一个快递公司送达速度慢,那么客服就会将这条信息反馈给仓储部门,仓储部门就会考虑要不要跟其他快递公司合作。所以说客服通过在企业和客户之间建立、维系并提升良好的关系,培养忠实客户,达到客户价值和企业利润的最大化。

客服工作为店铺产品销售提供了增值服务，优质的服务可以提升顾客的购物体验，也可以提升品牌价值。

8.2 客服的价值和心态

8.2.1 客服的价值

在网店经营岗位中，客服是必不可少的重要角色。在电商各岗位中，客服是唯一能够跟客户直接沟通的岗位，这种沟通融合了情感，会给客户带来更舒服的购物体验。归纳起来，客服能为店铺带来五大黄金价值。

1. 提高成交率

客户成交一般有两种方式，其中一种是客户通过阅读产品描述详情页面信息，对产品有了认知后，在没有咨询客服的情况下选择静默下单；另一种是咨询客服后再下单。

在网店经营中有一条法则：销售额＝流量×转化率×客单价。当客户访问店铺时，有多少客户能够购买，以及购买的金额又是多少，将对销售额产生很大的影响。通过数据调查我们发现，一般来说，咨询过客服的客户，客单价往往比静默下单的客户要高。举例来说，假设一家店铺一个月的流量有 20 万，转化率为 3%，平均客单价为 150 元，那么这家店铺一个月的销售额就等于 20 万乘以 3% 乘以 150 元，也就是 90 万元；如果客服的接待能力提升了，将客单价提高到 180 元，那么一个月的销售额就变成 108 万，增加了 18 万元。可见，客服可以通过提升转化率及客单价为店铺销售额带来有效涨幅。

2. 提升品牌口碑

很多人买东西都喜欢分享，尤其是购买到心仪的产品或者体验到超值服务时，更乐于向周围的人分享，像线下的海底捞火锅，就是以"变态"式服务让人印象深刻的。比如食客正在吃火锅，突然某一个食客跟朋友说想吃凉皮，海底捞并没有凉皮出售，但是站在旁边的服务员听到了，就默默地到街对面买了一碗凉皮给这位食客。该食客自然很惊喜，也很感动。

笔者有一次跟朋友去海底捞吃火锅，因为当时感冒，一边跟朋友谈事一边不断咳嗽，过了一会儿，旁边的服务员就端过来一杯金橘水亲切地对我说：姐，你一直咳嗽，喝点这个可以缓解。多注意身体哦！我当时很感动，海底捞的服务人员就是以这种细节打动顾客的。所以很多人专门去体验它的服务究竟有多周全和新奇。

实际上在进行网络销售时，虽然不能跟顾客面对面，但是一样可以带给顾客惊喜和感动。笔者每个月都会在一家母婴店给宝宝购买奶粉，奶粉是从国外直邮到杭州的，在杭州 G20 峰会期间，这家母婴店给笔者发了一条短信，提醒笔者要提前存好奶粉，因为 G20 峰会期间物流会延迟时间，以往只需要购买一个月的奶量，这次需要提前备好两个月的奶粉，如果不是商家提醒，笔者的宝宝可能就会"断粮"了。所以当身边的朋友有要给宝宝购买奶粉时，笔者总是推荐此商家。

我们深知美国著名推销员乔·吉拉德所说的"250"定律，他认为一个顾客身后大概有 250 个亲朋好友，如果你赢得了一个顾客的好感，那么就意味着赢得了 250 个人的好感；相反，如果你得罪了其中一个人，那么也就得罪了其他 250 个人。

笔者认为，在网络发达的今天，在信息如此互通的时代，一个人身后可能远远不止 250 个人，很多微博红人或者淘宝达人的粉丝有几万甚至几十万，所以做电商，不光要重视每一个顾客，还应该重视其身后的圈子，倡导每一个顾客为我们口碑相传。

3. 改善用户体验

很多商家认为客服这个工作很简单，只需要会打字、态度好一点就可以上岗了。其实不然，一个优秀的客服其情商一定是高的，他可以透过屏幕，通过文字就察觉到顾客的情绪，或安抚或赞美，总能恰到好处地让顾客觉得舒适。尤其是售后客服，有些商家不重视售后，卖之前态度非常好，成交之后，当顾客有售后问题找来时，态度马上发生180°大转弯。实际上让顾客记住商家的恰恰是售后的体验，因为在产品卖出去之前，大多数商家的态度都是好的。所以在这种情况下，当售后客服能够不推卸责任，妥善大度地处理售后问题，急顾客之所需，耐心、细心地帮助客户处理问题，而不是简单、粗暴地解决事情时，会让客户觉得在买到产品的同时，也享受到了优质的售后保障，这种服务会更打动顾客，让顾客记于心中。

售后回访也是提高客户体验的一种方式，一些重视客户的商家会专门安排客服做客户回访工作，比如在包裹发出、同城送达时通过短信息的形式触达顾客，或者在商品使用后通过电话进行使用回访。这种行为让顾客有可能已经快遗忘商家的时候，又记忆起来，客户体验也更好。

4. 促成二次购买

笔者经常会给妈妈买某一大品牌的染发膏，实际上这个品牌的产品在淘宝和天猫上有很多店铺都在卖，商品都是一样的，以前笔者都是看哪家搞活动就去哪家买，后来在某一家天猫店铺买的时候，这家店铺的客服问我是自己用还是给老人用，我回答说给老人用，这个客服就热情地跟我介绍，哪种颜色对遮盖白发更好，并且能够显得洋气时尚，还告诉了很多染发时的小技巧。当妈妈收到包裹时，里面还有一张卡片祝妈妈身体健康。这件事让妈妈很感动，觉得商家非常用心，所以让笔者以后就专门在这家店铺购买染发膏。

通过这件事可以看出，打动客户的往往就是小细节，让客户记住了客服，也就等于记住了店铺，记住了品牌，当客户再有购买需求时，会优先想到已经记住的商家。

5. 优化店铺指标

在网店中，客服除接待客户处理销售或售后问题的工作以外，实际上在店铺整体运营当中还起到了"侦查员"的作用，在跟顾客沟通时，将顾客反馈的意见或者捕捉到的情绪进行归纳分类，并反馈给相应的部门进行改进。

比如笔者的一个店铺是卖大码女装的，有一次很多顾客都反馈新品拍摄模特发型不好看、表情僵硬等，客服将这件事反馈给运营部门，运营部门在下期拍摄时马上更换了模特。也许有些商家觉得顾客买的是产品，跟模特关系不大，不用这么"大惊小怪"，实则不然，做服装尤其是大码女装，顾客在看到模特时，实际上脑海里浮现的是自己穿上这件衣服的样子，如果模特是美丽的看上去让人心里舒适，则会大大刺激顾客的消费心理。事实证明，更换了模特后，同样的衣服销量有了明显提升。

如果没有客服将这件事反馈到运营部门，那么也不会有后面的改变和提升。顾客经常会在跟客服聊天时透露很多不满或者对店铺的评价，比如店铺首页分类不方便、活动力度不大、赠品不好、某产品质量存在问题、某物流速度慢且服务态度不好等信息，客服应该将每一类信息汇总，当某一个问题集中被顾客反馈时，就该提高警惕，因为它已经影响到店铺的形象，继而影响销售。这时候客服应该将信息反馈到相应的部门，让该部门进行改进，就像我们所熟知的"木桶原理"，只有这样，店铺整体各项指标才能够得到提升。

8.2.2 客服的心态

笔者常常对学生说,一个好的客服可以成就一个店铺,但是一个差的客服足以毁掉一个品牌。作为客服,当你面对顾客时,实际上代表的并不是你自己,而是店铺甚至整个品牌。就像我们去饭店吃饭,如果吃出虫子后服务员处理得不恰当,我们不会说该服务员不好,只会说该饭店不好,并且不会再光临这家饭店。

同理,网络购物也是如此,顾客是商家的衣食父母,作为客服,应该保持一颗服务的心,热情、礼貌、不卑不亢,能够站在客户的角度看问题,即使顾客素质不高,可能会辱骂客服,但是客服也依然要保持自己的职业素养和原则去为这个顾客做好服务。所以我们常说做客服的原则是:第一,顾客永远是对的;第二,如果顾客错了,请参照第一条!

每个人因为成长环境、文化素养、人生经历不同会有不同的人生观和价值观,导致看事情的角度不同。所以在进行网络销售时,作为客服很可能会遇到一些素质不高的顾客,会受到委屈,尤其是售后客服,每天都要处理一些售后问题,解决麻烦问题往往都是负能量,这时候就需要客服自己具有能够自我调节的意识和能力。面对这种顾客,不能跟顾客对骂或者说出一些不负责任的话影响到店铺或品牌,要控制好情绪,并且及时将自己的负能量发泄或者转移掉,很多客服会通过K歌、运动、看电影、跟同事倾诉等方式去解压,回归到一颗"热情饱满"的服务之心。

客服平时也要注意自我学习和成长,比如面对不同的顾客时该如何去打动顾客,日常多积累生活经验和沟通经验,会对跟顾客沟通时有很好的帮助。

8.3 客服的岗位认知

网店客服根据网店订单销售时间节点分为售前客服和售后客服,售前客服负责客户下单付款前的咨询服务，而售后客服则负责产品发货后产生的一系列售后问题的处理和沟通。

1. 售前客服

售前客服的主要工作内容有顾客对产品的咨询、物流、服务等询单解答。售前客服以销售为核心。

所以作为售前客服，要了解产品和品牌。比如笔者曾经在一家鞋类店铺中看到这家店铺产品的标题都带有"固特异"三个字，但是又不是品牌名称，所以就向客服咨询，客服回答说固特异是加大码的意思。笔者后来在百度上查了一下，发现固特异并不是加大码的意思，而是鞋类制作的一种工艺。作为该店铺的客服，并不了解自己店铺的产品及特点，难免会让顾客觉得他不专业，从而不选择购买产品。其实作为客服不单单要了解店铺产品的表面，也要知道一些更全面的知识，比如品牌历史、品牌定位人群、产品周边搭配等，只有了解得越全面，才能在顾客咨询回复中表现得越专业，越能打动顾客。

了解了产品的知识后，还要了解顾客的需求，才能在产品与顾客需求之间做"连连看"，即将合适的产品推荐给有需求的人；否则，盲目的推荐都是不精准的，成交的概率也很低。

笔者曾经在一家护肤品店铺购买护肤套装，这家店铺的客服非常专业，先是问了笔者的肤质、平时用的护肤品、现在皮肤存在的问题等，然后又根据笔者的情况推荐了一款产品，并详细地解释人的皮肤分为几层，每一层的功效是什么，而他们的产品主要作用到哪一层，能够带来什么样的保护和改善等。这样的解答推荐，要比有些客服只会说我们的产品效果好这样干涩的语言有信服力，所以笔者毫不犹豫地购买了，因为客服够专业。

其实，网络销售客服相当于线下门店的导购，其主要任务是引导销售。但是很多网店客服却不具备这一功效,接待顾客时不具备主动性,往往是顾客问什么客服回答什么,成了一名"问答机器人"。这类客服应该增加主动性,多去了解顾客为什么要购买这件产品,他在意哪些地方,我该用什么打动他之类的问题,这样将会大大提高成交转化率。

售前客服除要了解产品信息外,还应该了解淘宝及天猫的平台规则,有一些我们常说的"客服高压线"。比如天猫店铺的发票问题,当顾客问有没有发票时不能回复说没有,因为天猫店铺是必须要开发票的。

客服还应该了解跟自己店铺合作的物流,以及每一家物流的特性。比如顺丰快递服务好、送达时效性强,但是价格高,如果店铺中某些产品包邮,但是顺丰快递不包邮,当顾客想要发顺丰快递时,应该加收多少钱;而"三通一达"则网点多,性价比高。

除接待顾客以外,当顾客拍下产品,尚未付款时,客服还应该进行催付,引导顾客尽快付款。如果是淘宝店铺,顾客讨价后,需要对订单修改价格,那么客服应该在后台为顾客进行改价,改价后顾客即可支付。而天猫店铺则不能修改商品价格,但是可以修改运费,如果顾客一共买了3件产品,但是并没有通过购物车一起拍下,而是分了3张订单,这时候客服就应该合并订单邮费,在后台进行修改。

如果有一些顾客有特殊的要求,比如店铺同时发圆通、申通、韵达3种快递,顾客要求发圆通,这时候客服就应该在后台该张订单上插旗备注,用这种方式告知仓库发货人员使用顾客选择的快递。

作为售前客服,在跟顾客沟通时应该加顾客为好友,并且在千牛上根据店铺产品或者个性化标签,如活动入口不同、年龄不同、性别不同等标签进行分组,并且把顾客添加到相应的分组当中,以方便日后进行沟通管理。

在沟通过程中遇到一些需要标注的顾客,可以通过千牛聊天面板上的打标签功能对客户进行备注，这样，当该顾客再次光临时，无论是哪个客服接待的，都可以显示出之前的标签，能够提醒客服该顾客的个性或者喜好，用心接待。

售前客服在跟顾客沟通时也经常会听到一些反馈，比如活动力度、产品需求等，这时候客服应该收集这类信息并反馈给运营部门，由运营部门再下达给其他部门进行调整改进。

总体来说，售前客服的主要工作是引导交易，所以询单转化率则是考核售前客服的核心指标。一个优秀的售前客服会用心、细心地去了解顾客的需求，想顾客之所需，急顾客之所急，带给顾客热情、周到、人性化的购物体验。

2. 售后客服

售后客服日常的主要工作是处理售后问题，当顾客订单中物流出现异常如迟迟不显示物流信息时，客服就要帮助顾客去查找原因，可以通过物流网站或者物流电话去查询。

如果一些快递包裹出现丢件的情况，那么这时候售后客服应该首先确认包裹丢失的事实，然后选择先给顾客补发或者退款，最后去找物流公司进行索赔。

如果出现的是少发、漏发的情况，那么售后客服应该首先跟仓库核实，如果确实是仓库的原因导致少发、漏发，则应该马上给顾客补发缺失部分或者尊重顾客的意见进行退款。

有一些顾客买回去产品，发现并不喜欢或者不合适，就会产生退换货。售后客服的主要工作之一就是跟顾客沟通退换货原因，并且在后台处理这些订单。

比如顾客买了一件衣服，收到后试穿发现衣服小，就会选择七天无理由退货或者换货，客服在后台处理订单同意顾客退货后，顾客上传退货单号，当客服收到退回产品后，在后台操作订单，顾客购买产品的钱就会退还给顾客。

但是并不是每一张售后订单处理都会这么顺利，比如刚才提到的案例，如果这个顾客收到衣服后把吊牌撕掉并且下水洗了，然后选择七天无理由退货。由于该商品已经影响了商家的二次销售，商家可以拒绝，但是顾客执意要退，可能就会选择"申请售后"，由淘宝小二介入处理这张售后订单，那么这个退换货就变成了纠纷。作为售后客服，当遇到纠纷时，要积极跟顾客沟通，尽可能通过私下协商取消纠纷，如果双方沟通不成功，客服就要准备申诉材料，如顾客认为是假货，那么客服应该提交进货凭证或者品牌授权许可等资质证明，填写申诉理由，上传一些有利的与顾客的聊天记录等。

因为淘宝有中、差评，作为淘宝的售后客服，还需要替店铺解决中、差评的问题，可以通过电话或者千牛联系顾客，协商修改中、差评的方案，争取让顾客修改掉中、差评。而对于一些不能修改掉的评价，或者一些优质的评价，售后客服还应该在评价下做出解释回应。

作为售后客服，应该定期统计退换货的理由、金额、销售占比等数据，将这些数据提交给运营部门，由运营部门去分析优化。

不管是售前客服还是售后客服，都应该符合以下6种技能素质要求。

（1）良好的语言表达能力。中国语言表达博大精深，同样的意思用不同的表达方式会造成不同的效果，售前客服进行怎样的卖点推荐能够让顾客买单，售后客服进行怎样的安抚能够让顾客转怒为和，这都是需要语言表达技巧的，也是每一个客服努力的方向。

（2）专业的产品知识。无论是售前客服还是售后客服，具备专业的产品知识都能够让顾客相信自己，因为信赖，所以选择。

（3）熟练掌握淘宝各种工具的使用。客服在接待顾客和处理订单时，都要用到后台工具或者一些插件，熟练掌握各种工具无疑会提高工作效率。所以，一般新客服上岗前的一项考核标准就是掌握各种工具的使用。

（4）换位思考，将心比心。无论是售前客服还是售后客服，在与顾客沟通时，都应该有一颗同理心，售前客服不要总想着我怎么才能卖给顾客东西，而是该多想想顾客遇到了什么解决不了的问题，我有哪些产品可以帮助顾客解决问题；如果我是顾客，我会在意价格还是效果，我会怎么处理这样的问题，思路转变了，往往结果也会不一样。而售后客服也是一样的，不要总觉得顾客都是来找麻烦的，应该换位思考一下，如果我是顾客，收到这样的产品或者碰到同样的问题，会不会也着急、生气，从对方的角度出发多想想，那么对顾客的态度就会发生不同的变化，处理方式也会更柔和一些。

（5）良好的倾听能力，一颗洞察细节的心。很多客服人员从业久了，就会产生一种习惯——顾客还没说就觉得自己知道他要说什么了，所以经常不耐烦地打断顾客，断章取义，最后导致订单流失或者矛盾升级。

（6）不轻易承诺，说了就要做到。作为专业的客服，应具备诚信的职业素养，不会为了销售产品而夸大产品功效，也不会承诺做不到的事情或者服务，只有对顾客诚信，对自己诚实，店铺的回头客才会越来越多，生意越来越好。

第 9 章

学习规则

国有国法，家有家规，在平台上经营服务，同样需要遵守相应的法律及规则，通过法律及规则对买卖双方进行相关的行为约束，以此来保障双方的基础利益，更可以保证平台及店铺的稳定及有序的良性发展。同样，在法律及规则面前，经营者和顾客人人平等，不会因不知、不懂而免于违规或违法的警告、处罚。阿里系平台除具有基础的平台规则外，也会有具体针对某个行为、活动等所制定的独立规则，在经营服务前需要学习这些规则并有足够的了解，避免日后在经营服务中触犯这些规则，更可以避免因为无意的触犯，而导致店铺受到不必要的警告及惩罚。本章会着重介绍与客服工作及服务息息相关的平台规则、活动规则、消费者可拥有的权益及在交易过程中存在的安全问题防范。通过这一章的学习，可以提升店铺经营服务的规范性，降低或避免因不懂规则而给店铺或顾客带来不必要的影响、风险。

9.1 平台规则

在平台经营服务中，客服需要基于店铺的类型来学习规则，如淘宝店铺的客服，需要学习淘宝规则；天猫店铺的客服，需要学习天猫规则。虽然淘宝和天猫都是阿里系的电商平台，但在规则设置中还是存在很多差异的，所以不能一概而论，只学习其中某一点或某一个平台规则。通常客服会通过规则频道来进行相应的规则学习，这也是规则最新、最全、最行之有效的学习场所，所以建议客服通过网址直接访问淘宝规则频道（http://rule.taobao.com）（如图 9-1 所示）和天猫规则频道（http://guize.tmall.com）（如图 9-2 所示），随时随地进行规则的学习。除此之外，还可以通过淘宝网首页首屏右侧区域、卖家中心中的今日必读等相关区域，快速进入淘宝规则频道。当然，客服还可以通过千牛消息订阅的方式，对最新规则进行订阅，便于及时学习。

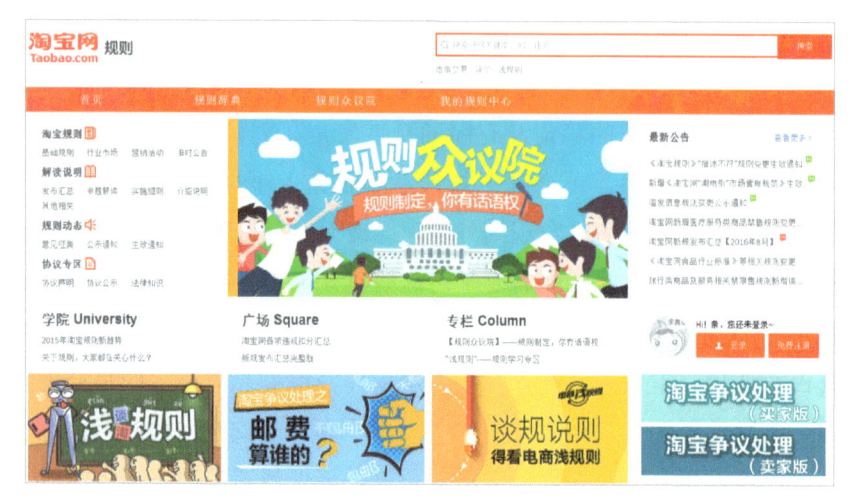

图 9-1　淘宝规则频道

图 9-2　天猫规则频道

在平台规则中，首先需要客服明确违规类型分为一般违规和严重违规两类，在这两类违规类型中又有3种扣分处罚方式，分别为：A类扣分、B类扣分和C类扣分，其中，A类扣分属于一般违规处罚扣分，B类扣分和C类扣分属于严重违规处罚扣分，在严重违规处罚扣分中除出售假冒商品为C类扣分外，其他的违规扣分均属于B类扣分。那么在日常的经营服务中，客服常见的违规类型有哪些呢？如图9-3所示，在一般违规中（A类扣分），客服较为常见的违规类型有：违背承诺、恶意骚扰及描述不符；在严重违规中（B类扣分），客服较为常见的违规类型有：泄露他人信息、骗取他人财物及假冒材质成分；最后就是严重违规中（C类扣分）的出售假冒商品。

客服常见违规类型		
一般违规	A类扣分	违背承诺
		恶意骚扰
		描述不符
严重违规	B类扣分	泄露他人信息
		骗取他人财物
		假冒材质成分
	C类扣分	出售假冒商品

图9-3　客服常见违规类型

部分违规类型定义（引用淘宝规则）如下。

违背承诺：卖家未按照约定向买家提供承诺的服务，妨害买家权益的行为。违背承诺的卖家须履行消费者保障服务规定的如实描述、赔付、退货、换货、维修服务等承诺；或卖家须按实际交易价款向买家或淘宝提供发票；或卖家须向买家支付因违背发货时间承诺而产生的违约金。

恶意骚扰：会员采取恶劣手段对他人实施骚扰、侮辱、恐吓等，妨害他人合法权益的行为。每次扣12分；情节严重的，视为严重违规行为，每次扣48分。

描述不符：买家收到的商品或经淘宝官方抽检的商品与达成交易时卖家对商品的描述不符，卖家未对商品瑕疵、保质期、附带品等必须说明的信息进行披露，妨害买家权益的行为。

泄露他人信息：未经允许发布、传递他人隐私信息，涉嫌侵犯他人隐私权的行为。泄露他人信息的，淘宝对会员所泄露的他人隐私资料的信息进行删除，每次扣6分；情节严重的，每次扣48分。

骗取他人财物：以非法获利为目的，非法获取他人财物，涉嫌侵犯他人财产权的行为。骗取他人财物的，淘宝对用以骗取他人财物的商品或信息及因此产生的交易评价进行删除，每次扣48分，延长交易超时并对其绑定的支付宝收款账户采取强制措施。

假冒材质成分：卖家对商品全部材质或成分信息的描述与买家收到的商品完全不符。卖家首次假冒材质成分的，删除商品信息，扣6分；再次及以上假冒材质成分的，删除商品信息，每次扣12分。特定类目卖家假冒材质成分的，不论是否首次，删除商品信息，每次扣12分。

在常情况下，店铺的经营不会刻意存在或制造任何违规行为，而客服在服务过程中，因为对规则不了解，迫于尽快成交，对产品不了解，一时口误或行为操作不当等，都可能造成违规问题的发生，当出现类似问题后，顾客就有权利进行维权处理。那么是不是在学习规则后，这些违规情况就完全可以避免呢？当然不是，就算学习了规则，但是不能有效地遵守，也依然可能面临违规问题。笔者曾经遇到过这样的事情，客服对规则进行过学习，也知道有违背承诺这样一条规定，可是在实际的服务过程中，因担心当日不能发货而导致顾客流失，所以在顾客希望当日可以发货的请求下，便同意了此事，而天不遂人意，最终未能实现当日发货。同时在到货后，已经错过了顾客需要使用的时间节点，顾客非常气愤，进行退货后，又申请了违背承诺的投诉。因有与客服的聊天记录作为证据，客服也的的确确同意当天发货而未能履约，顾客的投诉最终成立，店铺受到了相应的处罚。

从上述事件中不难看出，店铺在实际的经营过程中并没有想要去刻意制造违规行为，只是客服在服务过程中对交易中所需的诚信及规则的藐视，才导致了最终的后果。有读者可能会问，是不是所有当天不能发货的行为都属于违背承诺呢？并非如此，淘宝规则规定，在不做任何承诺的情况下，顾客付款后的72小时内发货，都属于正常发货时间范畴。但因为做了承诺而未能实现，最终就触犯了规则，店铺需要接受必要的惩罚，同时也降低了顾客对该店铺的信任度，更因为处罚加退货造成了店铺多重损失，最终得不偿失。而类似于上述因客服自身原因造成的违规行为，还是存在较多的，如因对产品了解不够，将行业中所谓的纯棉说成含棉量100%，无意中对概念的误读，导致销售行为变成了出售假冒商品，使得店铺面临灾难性的损失也偶有发生，所以在此提醒客服，在服务中一定要做到谨言慎行。

处罚扣分，对于一个店铺来说，到底有多严重呢？无论是一般违规还是严重违规，每扣12分为一个处罚节点（如图9-4所示），到达处罚节点后会对店铺做出相应的处罚；在严重违规中，12分、24分及36分的处罚逐级提升，其中因严重违规扣分达到48分时处罚最严重，这也是严重违规处罚扣分中的峰值分数，达到这个分数后，店铺将会面临账号被查封的处罚。按照现行的规则来说，查封账号也就意味着开设个人店铺老板的身份证被拉黑，将无法在淘宝网上重新进行再次开店。当然，除常规的处罚外，淘宝网对于出售假货的处罚也非常严重，针对不同的处罚节点，也会给出下架部分商品、下架全部商品、搜索屏蔽全部商品、禁止参加活动、删除店铺等更严厉的处罚。所以，在整个店铺经营的过程中，并不是只有运营、推广人员等需要注意和避免这些违规行为的发生，客服人员同样起着至关重要的作用。在此再次提醒大家：学习规则，刻不容缓。

规则并非制定好以后就是一成不变的，因为随着电子商务各项法律、法规的健全，平台规则也会发生改变，所以及时学习最新的规则，避免发生不必要的违规行为，对于客服人员来说是非常重要的一件事情。客服人员可以通过淘宝规则频道的"广场"一栏查阅新规发布汇总（如图9-5所示），及时有效地学习最新的规则；同时，除日常的一些基础规则外，在特殊时间点，淘宝网也会人性化地出台一些临时性规则（如图9-6所示），客服人员也可以通过这些位置来进行有针对性的学习,以便更快、更好地服务顾客,提升店铺与客服相关的各项指标,增加顾客对店铺及品牌的满意度。

违规类型	扣分节点	限制发布商品	限制创建店铺	限制发送站内信、限制社区功能	公示警告	店铺屏蔽	关闭店铺（删除店铺、下架所有商品、限制发布商品、限制创建店铺）	下架所有商品
一般违规	每12分	7天	X	X	7天	7天	X	X
严重违规	12分	7天	7天	7天	7天	7天	X	X
严重违规	24分	14天	14天	14天	14天	14天	X	14天
严重违规	36分	21天	21天	21天	21天	X	21天	21天
严重违规	48分	查封账号						

图 9-4　处罚节点一览表

图 9-5　新规发布汇总

图 9-6　临时公告

除需要学习以上基础规则外，客服在日常的服务过程中，还会出现一些细微的问题值得注意，因为这些问题看似细小，但是也极易成为违规的重灾区。在通常情况下，会把这部分问题称之为高压线（如图 9-7 所示）。相信各位读者都可以理解现实中的高压线，常见而不可触碰，一旦触碰可能就会面临粉身碎骨的后果。虽然这里所谓的高压线不会让客服粉身碎骨，但对于一个正常运营的店铺来讲，触碰后的处罚结果还是非常严重的。例如发票问题，如果是天猫店铺，需要无条件地为顾客开具对应项目、对应金额的发票，不能多开，也不能少开，更不能拒开。同样，包邮问题也常常会出现在违规投诉中，在个别情况下买家可以看到某商品或某店铺承诺全国包邮，而在交易过程中商家又人为地将买家收货地址划入所谓的偏远地区，排除在包邮范围内，这也是典型的违规行为。因为规则规定，一旦承诺全国包邮，也就不存在所谓的偏远地区这一说法。另外，对于付款方式、擅自关闭交易、未按约定发货及泄露他人信息等问题，同样可以在规则频道中找到具体的解释及答案。

相信通过以上对平台规则的介绍与学习，大家对平台规则都有了新的认识，对于平台交易中需要注意的事项有了明确的指引，消除了对规则的误解及偏差。同时希望能够帮助更多的想要加入电商客服团队的人员，正确地找到学习平台规则的方向，快速地找到学习平台规则的方法，并正确地运用在日后实际的工作过程中，为店铺提升各项基础，打造更专业的服务形象。

问题类型	情况描述
发票问题	天猫店铺虚开、拒开发票；变相收取发票邮寄费用
包邮问题	标注或承诺全国包邮，却在中国大陆范围内以所谓的偏远地区拒绝履行包邮
付款问题	拒绝使用分期付款，拒绝使用店铺支持的某种付款方式
关闭交易	天猫店铺不得以任何理由擅自关闭买家未付款的交易
发货问题	发货超过默认规定的发货时间或未按约定时间进行发货
泄露信息	对买家信息进行公开发布、倒卖等

图 9-7　常见高压线问题

9.2　活动规则

为了能够更好地服务买家，在线客服除需要了解平台规则以外，还需要对常见的活动规则进行学习，从而提升买家满意度及各项服务指标。因为店铺的类型及发展情况存在差异性，所以会面临不同形式的活动。活动规则也是在线客服知识储备的一部分，在以往的工作中，也存在因为在线客服对活动规则不了解或了解得不透彻，出现买家不满意、无法正确参与活动等情况，而最终导致买家流失甚至店铺受到处罚。本节将针对店铺及平台常见的活动，对活动规则进行阐述。

淘宝的活动大致分为店铺自有活动和官方平台活动两大类。

9.2.1　店铺自有活动

店铺自有活动常见的活动类型如图 9-8 所示。

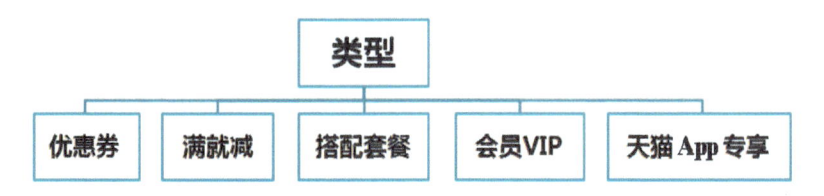

图 9-8　店铺自有活动类型

1. 店铺优惠券

店铺优惠券是卖家最常见的店铺活动之一，客服需要进行细致、全面的学习，才能在买家使用优惠券的过程中给予积极正确的引导。

（1）优惠券的领取：

① 买家直接点击领取，如图 9-9 所示。买家直接点击图片即可领取到相应面额的优惠券。

② 客服主动发送优惠券链接，买家单击链接领取优惠券。

③ 通过店铺后台设置以及第三方软件，系统直接赠送优惠券。

以上三种是常见的优惠券获得途径，还有一些淘口令方式，等到中级客服再学习。

图 9-9　店铺优惠券

（2）优惠券的使用条件：需要在优惠券的使用期限内使用，需要满足优惠券的使用门槛，如满足 99 元可以使用 5 元的优惠券。

（3）优惠券的使用方法：当满足使用条件后，在确认订单前，系统会自动扣除优惠券的金额，如图 9-10 所示。

图 9-10　系统自动扣除优惠券金额

（4）使用优惠券的订单退款：当买家使用优惠券的订单产生退款时，如果是全额退款，那么在有效期内的优惠券的优惠金额会退到买家账户上；如果是部分退款，那么退款金额是买家实际支付的价格。

2. 店铺满减

卖家想提高客单价或者客件数时，往往会采取满减的优惠活动来吸引买家。满减活动分两种，其中一种是满几件折扣；另一种是满多少元折扣（如图 9-11 所示）。无论是哪种形式的满减，只要买家满足店铺设置的条件，直接提交订单就可享受到系统折扣。

3. 搭配套餐

店铺中很多宝贝有着紧密的互补关系，为了方便买家一次性选购，同时给购买多件的买家相应的优惠力度，卖家会用搭配套餐的形式来吸引买家，如图 9-12 所示。

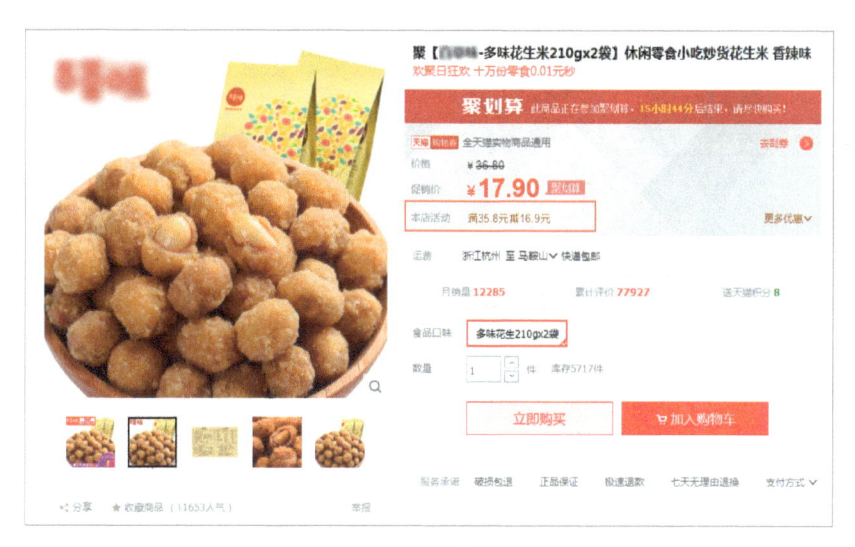

图 9-11 满减活动

图 9-12 搭配套餐

4. 会员 VIP

卖家对老买家越来越重视，想要留住买家成为店铺老客户，除进行日常的会员维护之外，对会员的优惠力度也是必不可少的。特别是一些回购率比较高的店铺，对老客户的优惠活动可以有力地增加买家的黏度，有效地提高店铺的口碑传播效果。卖家可以设置宝贝的会员价格（如图 9-13 所示），系统会根据买家店铺会员等级的不同，显示不同的优惠价格，直接下单购买即可享受相应层级的会员价。

图 9-13　店铺 VIP 会员

5．天猫 App 专享

现在做电商的，无可避免的一个关键词就是移动端，越来越多的买家采取手淘或者天猫的 App 逛淘宝、收藏、下单及支付。对于使用 App 购买的买家，天猫店铺可以设置 App 专享价，只有从 App 入口进入的买家下单，才可以享受到更加优惠的价格，如图 9-14 所示。

图 9-14　天猫 App 专享价

小结：上文中提到的 5 种优惠形式都是在卖家后台自行设置的，买家只要满足条件，即可直接下单，实际支付时享受优惠后的价格。付款时间为下单后的 72 小时内，满减、会员价和天猫 App 专享价与店铺优惠券可以叠加使用，享受双重优惠。

9.2.2 官方平台活动

客服除掌握以上的店铺活动规则外，对于官方平台活动规则也需要全面学习。官方平台活动类型更加复杂，规则更加严格，受章节限制，下面仅列举常见的 4 种活动类型进行介绍，如图 9-15 所示。

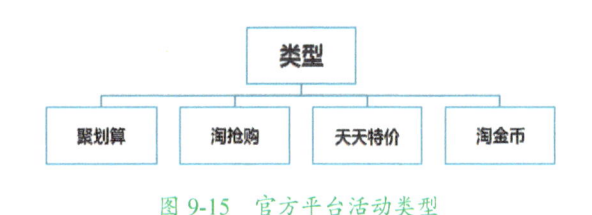

图 9-15 官方平台活动类型

1. 聚划算

说到官方平台活动，最吸引卖家的就是聚划算活动。淘宝有单独的承接页面，一直以流量大、转化高深受卖家的青睐。作为客服，对聚划算活动的基本规则需要全面了解，才能更好地应对在活动期间买家咨询的各种问题。如图 9-16 所示是聚划算活动页面。

聚划算活动有明确的时间显示，买家只有在规定的时间内才可以享受优惠价格购买。买家通过聚划算页面中的"马上抢"按钮进入购买页面下单。需要特别提醒的是，聚划算下单后的付款时间仅为 30 分钟。聚划算的宝贝会有限购提示，一个 ID 限购 X 件，对于这些注意事项客服需要及时告知买家，以免因为活动规则传达不清楚，导致买家的购物体验下降。

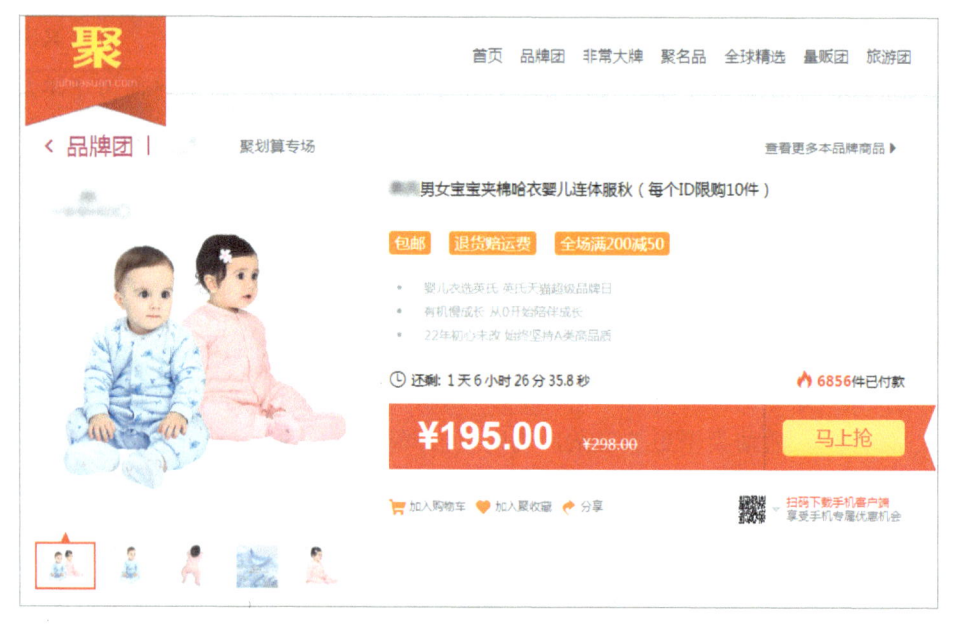

图 9-16　聚划算活动页面

聚划算活动还有一些特殊的优惠政策。首先，聚划算的宝贝要求全国包邮，卖家不得以任何形式要求买家补运费。其次，聚划算的宝贝统一赠送运费险，这样一旦宝贝退货，所产生的快递费用就会由保险公司来承担，解决了卖家销售和买家购物的后顾之忧。

2．淘抢购

淘抢购是仅次于聚划算的官方平台活动，因为其报名门槛比聚划算略低，并且在手淘页面中占有重要版面，流量可以和聚划算媲美，所以很受一些中小卖家的追捧。每个整点都有抢购活动，如图 9-17 所示。

淘抢购活动的主要规则很多和聚划算雷同，这里就不一一赘述了。比如在规定的时间内下单和限购，还有包邮的要求，需要提醒的是付款时间，如图 9-18 所示。淘抢购的付款时间仅为 15 分钟，如果买家下单后没有在规定的时间内完成付款动作，系统会自动关闭订单。对于一些机会难得的特价抢购活动，若买家错过了付款时间，是非常可惜的，也容易引起一些不必要的争议，所以建议客服一定要做好活动订单付款时间的友情提醒工作。

图 9-17 淘抢购

图 9-18 淘抢购付款时间

3. 天天特价

天天特价对卖家的等级要求比较低，对宝贝的库存要求也比聚划算和淘抢购低。对于一些新手卖家来说，天天特价相对容易报名成功，为店铺带来更多的流量，如图 9-19 所示。

图 9-19　天天特价

天天特价活动规则：限时、限购、包邮、付款时间为 30 分钟。

4. 淘金币

前面介绍的三种官方平台活动，即聚划算、淘抢购和天天特价，优惠价格是针对全淘宝会员的。而淘金币活动的人群略有不同，买家想要用优惠价格购买宝贝，需要在自己的账户上有一定的淘金币，如图 9-20 所示。活动形式也和直接下单折扣不一样，需要相应的淘金币做金额抵扣后，才可以享受到优惠价格。

图 9-20　淘金币

淘金币活动规则：限时、限购、包邮、付款时间为 30 分钟。

小贴士：淘金币的获得途径有很多，如购物支付成功可以获得一定数量的淘金币，平时在淘金币页面签到、店铺收藏以及购物分享都可以获得一定数量的淘金币。简单、形象地理解，淘金币和超市消费积分兑换宝贝的情况类似。

小结：上文中介绍的 4 种常见的官方平台活动，其主要规则是，在规定的时间内，从规定的活动入口进入，才可以享受到优惠的活动价格和全国包邮的福利。特别需要注意的是，活动宝贝的订单付款时间一般都为 30 分钟，而淘抢购的付款时间更短，只有 15 分钟。官方平台活动远远不止这 4 种，随着淘宝流量入口的不断变化，客服需要不断地学习新活动、新规则。

除了店铺自有活动和官方平台活动，还有电商圈一年一度的"双 11"大促庆典。关于"双 11"大促，每年的活动规则都会略有变动，所以不在此处罗列规则细节。

9.3 消费者权益

随着网购的日趋普及,关于消费者权益的话题一直是大家关注的热点,淘宝网也一直致力于完善消费者保障权益,提高买家的购物体验。因网购的特殊性,淘宝网有很多具有电子商务特色的消费者保障服务条款,更有淘宝网体系内的各种会员权益,这些都是客服需要掌握的基础知识。

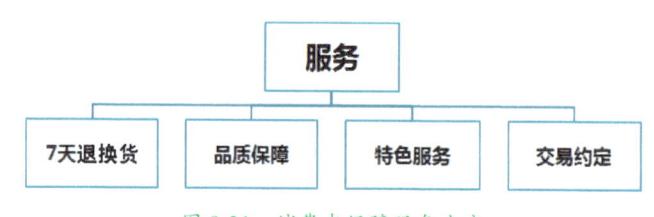

1. 消费者保障服务

消费者保障服务是指卖家签署了淘宝网消费者保障服务协议,承诺为消费者提供交易保障服务。买家在淘宝网使用支付宝担保交易服务购买宝贝时,如遇到收到的货物存在质量问题,或者网上描述与产品不符,或者付款后未收到货物的情况,如果卖家未履行承诺,买家可以根据淘宝规则的规定发起维权,经判定维权成功的,淘宝网将扣划卖家保证金进行违约赔付,以保障买家权益。

随着淘宝网的发展和网购需求的变化,关于消费者保障服务的具体内容也在逐渐完善中,如图 9-21 所示。下面针对客服的学习内容,重点阐述关于 7 天无理由退换货的申请条件及说明。

图 9-21 消费者保障服务内容

七天无理由退换货是指消费者使用支付宝担保交易服务完成淘宝购物后,在签收货物后 7 天内,如因主观原因不愿意完成本次交易的,可以提出"7 天无理由退换货"的申请(部分宝贝及类目除外),并且买家退回的货物不得影响卖家的二次销售。

通俗的理解就是不管买家什么理由,收到货物后 7 天内都可以退换货,此服务解决了买家进行网络交易的后顾之忧,在很大程度上提升了买家的购物体验。当然,任何服务内容都会有具体的执行细则,下面通过保障范围、申请条件、邮费争议和维权方式四个方面,全面地介绍 7 天无理由退换货的服务细则。

保障范围:买家提出退款申请的宝贝在"七天无理由退换货"服务保障范围内(部分宝贝及类目除外),淘宝网销售的实体宝贝基本都默认支持 7 天无理由退换货,具体支持的类目如图 9-22 所示。

表1:适用退换货与否的商品分类

情形	类型	例举
不适用七天无理由退换货的商品	一、定制类商品	个性定制、设计服务等
	二、鲜活易腐类商品	鲜花绿植、水产肉类、新鲜蔬果、汤圆、水饺、冷面、奶酪、芝士、月饼、巧克力等
	三、在线下载或者买家拆封的音像制品、计算机软件等数字化商品	充值点卡、加油卡等
	四、交付的报纸、期刊	期刊杂志等
	五、服务类	教育培训、装修设计/施工/监理等
	六、拆封后影响人身安全或者生命健康的商品,或者拆封后易致商品品质发生改变的商品	贴身用品等
	七、一经激活或者试用后价值贬损较大的商品,商用商品,或者短期内价值频繁波动的商品	智能设备(如VR头盔等)、商用厨具、黄金、铂金、汽车、摩托车、电动车整车、内裤、短袜/打底袜/丝袜/美腿袜、塑身裤、塑身连体衣、乳贴、插片/胸垫等
支持七天无理由退换货的商品	除上述类型外的其他商品	服饰、鞋帽、箱包、玩具等

图 9-22 七天无理由退换货支持类目

申请条件:满足下列三个条件,买家即可在退货时选择 7 天无理由退换货。

(1)宝贝需在支持"七天无理由退换货"的品类范围内。

（2）买家在签收宝贝之日起 7 天内（按照物流签收后的第 2 天零时起计算时间，满 168 小时为 7 天）发起申请。

（3）买家提出"七天无理由退换货"服务的申请，宝贝需完好，不影响卖家的二次销售。

邮费争议：因 7 天无理由退换货会产生一个退货过程，在退货过程中产生的快递费由谁来承担，淘宝网有具体的规定说明，任何卖家如违规操作，都会被判定处罚。

（1）若淘宝判定为卖家责任（如宝贝存在质量问题、描述不符等），则来回运费都需要由卖家承担。

（2）买家责任（不喜欢、不合适等），买家承担来回运费；如宝贝卖家包邮，买家只需承担退货运费。

（3）如果交易存在约定不清的情形，淘宝无法确定是谁的责任，那么交易做退货退款处理，发货运费由卖家承担，退货运费由买家承担。

维权方式：

（1）在满足 7 天无理由退换货申请条件的前提下，买家可直接在订单详情页发起"7 天无理由退换货"申请。

（2）卖家发布的宝贝在"七天无理由退换货"服务的范围内，就必须提供售后服务，无拒绝按钮。

（3）如果卖家拒绝履行"七天无理由退换货"的承诺，淘宝有完全的权利依其独立判断使用保证金强制卖家履行"七天无理由退换货"的承诺。也就是从卖家的支付宝账户中直接扣除相应的金额款项先行赔付给买家。

通过对上文内容的学习，相信读者对 7 天无理由退换货的服务细则已经有了清楚的了解，其他服务内容如品质保障、特色服务和交易约定等，请参考相应的页面。如图 9-23 所示为特色服务页面，网页为 https://www.tmall.com/wow/seller/act/special-service。

图 9-23　特色服务

2. 淘宝会员权益

消费者保障服务针对的是全淘宝网的消费者提供统一的保障服务，但是仅有这层保障是无法满足几亿的淘宝会员个性化的消费需求的，为此淘宝网推出了针对不同消费层级的会员权益。如图 9-24 和图 9-25 所示，分别是代表淘宝不同会员等级的淘气值和权益列表。目前 1000 分以内的是普通会员，超过 1500 分的是超级会员，超过 2500 分的就是 APASS 会员，每个层级的会员享受不同的权益。

图 9-24　淘宝会员权益　　　　　图 9-25　权益列表

淘气值是基于 12 个月的行为计算的，现在的会员等级不再根据过去的单一销售算法进行评定，而是添加了分享、评价、问大家等内容。淘宝不单单是一个购物平台，更是一个生活互动圈。

会员权益较多，受章节限制无法一一展开说明，这里只介绍会员使用最频繁的两项权益：极速退款和退货运费险。

极速退款：淘宝网（天猫）为诚信会员提供的退款绿色通道服务，货款在授信额度内，在确认收货前申请退货退款并与卖家达成退款协议后，将货物退回并提交正确的退货物流单号,淘宝网（天猫）系统就会立刻退款到买家的账户，实现真正的即点即退，瞬间到账。

极速退款的会员权益主要受两大因素影响，如图 9-26 所示。淘宝根据买家的购买、评价、分享各种行为综合评判买家的信誉等级，针对不同的会员级别，享受 1000 元和 10000 元不同额度的极速退款金额。

图 9-26 极速退款的影响因素

极速退款的流程和正常购物的退货流程是一样的，只是少了最后的确认收货环节，买家只需填入退货单号，系统就会自动完成退款程序。

买的时候有消费者保障服务保驾护航，退的时候又有各种会员权益让买家无后顾之忧。除了极速退款，退货运费险是另一项深受广大买家喜欢的会员权益。

退货运费险：为解决在退货过程中买卖双方就运费支出方面的纠纷，买家在拍下宝贝时可以选择购买退货运费险。当发生退货时，卖家同意退货申请，达成退货协议，等待买家退货，买家填写退货时物流信息，等交易结束后 72 小时内，保险公司将按约定对买家的退货运费进行赔付。

官方的条文有些烦琐，简而言之，就是在下单的同时购买退货运费险成功的，产生单程退货的邮费由保险公司来买单。

买家一般可以通过三个途径来购买退货运费险，如图 9-27 所示。

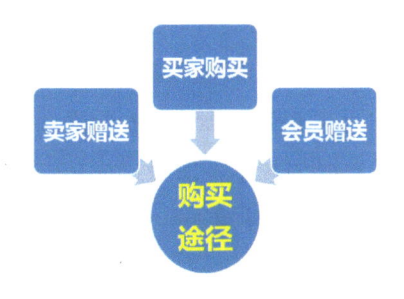

图 9-27 退货运费险购买途径

卖家赠送：为了提高买家的购物信心，降低不必要的售后纠纷，很多卖家会主动赠送退货运费险。如图9-28所示，在宝贝页面中会有赠送退货运费险的提示，买家下单付款后，退货运费险就算购买成功。

图9-28　卖家赠送退货运费险

买家购买：网购越来越成熟，随着售后服务的日趋完善，退换货也成为网购中的常态，但是因退货产生的运费，往往是让买家都比较纠结的问题，影响购物的决定，现在有了退货运费险这个保障，买家在下单时，可以用不多的金额为自己投一份保险，如图9-29所示。即使产生退货，快递费用也由保险公司承担。

会员赠送：普通会员暂时没有退货保障卡的福利，超级会员每周一张，而到了APASS会员，每天一张的退货保障卡免费赠送，如图9-30所示。买家在购物时提前领取保障卡，下单时勾选上，即投保成功，退货时享受退货运费的保险理赔。退货保障卡仅限天猫店铺使用。

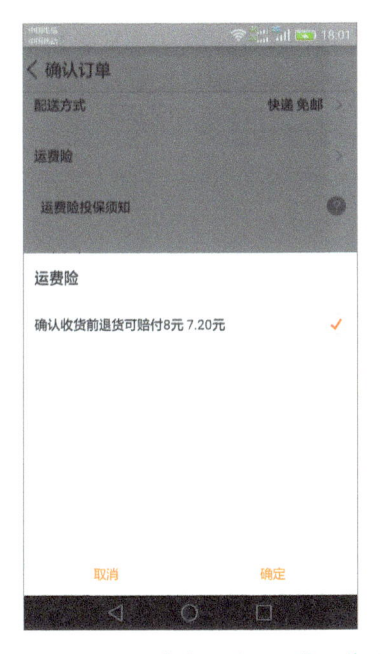

图 9-29　买家自己购买退货运费险　　　　图 9-30　退货保障卡

退货运费险的理赔：通过图 9-31，即可清楚地掌握退货运费险的理赔流程。这里需要注意几个关键词，一是等待买家确认状态下的订单，如交易已成功，退货运费险即失效了；二是申请的退货流程，如果是仅退款，退货运费险是无法理赔的；三是快递单号一定要正确，若填错，退货运费险也会理赔失败。退货运费险是系统自动发起理赔的，卖家只要按照正常的退货流程操作订单即可。

图 9-31　退货运费险理赔流程

小结：不论是消费者保障服务还是淘宝会员权益，都意在完善买家的交易流程，解除买家网购的后顾之忧，提高买家的购物体验，全面提升卖家的服务质量，为淘宝网营造一个公平、公开的良好的购物环境。

9.4 交易安全规范

本章前面介绍了淘宝平台规则中比较常用的内容。规则是为了保护买卖双方的权益，维持平台的正常运行。在交易过程中，卖家除要遵守规则、尊重买家和平台外，也要学会自我保护。卖家通过平台提供的工具及软件进行交易管理甚至是资金往来，所以交易安全对于卖家来说是尤为重要的。作为客服岗位的工作人员，要经常关注店铺状态，警惕异常信息，提高安全意识，保护店铺安全，维护店铺利益。

登录网店要通过账户和密码，如何设置和管理账户密码，是重要的一项工作。账户密码就和实体店铺的开门钥匙一样，一旦发生密码被盗，其后果将不堪设想。如果卖家淘宝店铺账户信息被盗，则可能会导致店铺宝贝价格被任意改动，超低价格的销售直接让卖家赔了血本，甚至直接删除店铺的热销宝贝，店铺将失去主要的流量入口，给店铺销售带来的是致命打击。无论是篡改宝贝价格还是删除宝贝链接，损失都是不可逆转的。

除了淘宝账户的安全，支付宝账户的安全也是尤为重要的，因为这直接关系到卖家的资金安全。如果支付宝账户信息被盗，将导致账户内的资金被挪用或转移，且难以追回。

对于账户安全的重要性不难理解，那如何保护账户的安全呢？首先要从账户密码的设置说起。在日常生活中，不少人为了方便记忆，会用自己的生日或者名字的汉语拼音来做密码，还会把自己所有的密码都设置成一样的。这会导致密码容易被破解，甚至会危及其他账户的安全。

我们在设置密码时需遵循两个原则：一是好记忆、二是安全性高。一般建议用字母（包括大小写）、数字和特殊符号进行组合设置，如图 9-32 所示。

大写英文字母+小写英文字母+数字+特殊符号

如：wellgood@1981

图 9-32　密码设置原则

密码设置完善后，还要注意妥善保管。首先，账户密码要定期更换，为方便记忆可以单独做书面记录；其次，为不同的账户设置不一样的密码；最后，关于密码认证时所需要的相关身份资料信息，一定不能轻易提供给他人。

除了保护好账户安全，在平时经营的过程中还需预防一些网络陷阱。现整理出 5 种常见的诈骗类型，请客服在工作中应加以注意，如图 9-33 所示。

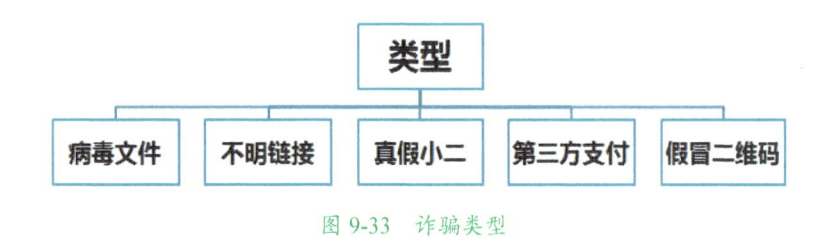

```
                  类型
     ┌────┬──────┬──────┬──────┐
  病毒文件  不明链接  真假小二  第三方支付  假冒二维码
```

图 9-33　诈骗类型

情况一：通过千牛发送携带病毒的文件。

客服在日常的工作中不要轻易通过千牛接收不明来历的文件，以免文件中夹杂一些恶意程序，对电脑内信息或者密码进行窃取。一般在与买家交流的过程中，交易详情或者商品问题用语言表达不清楚时，用截图功能也可以很好地传达。所以，当对方提出要发送文件时，客服可以委婉地表达，出于安全考虑，按岗位规定不能随意接收文件，但可以通过截图的方式发送相应内容，如图9-34所示。

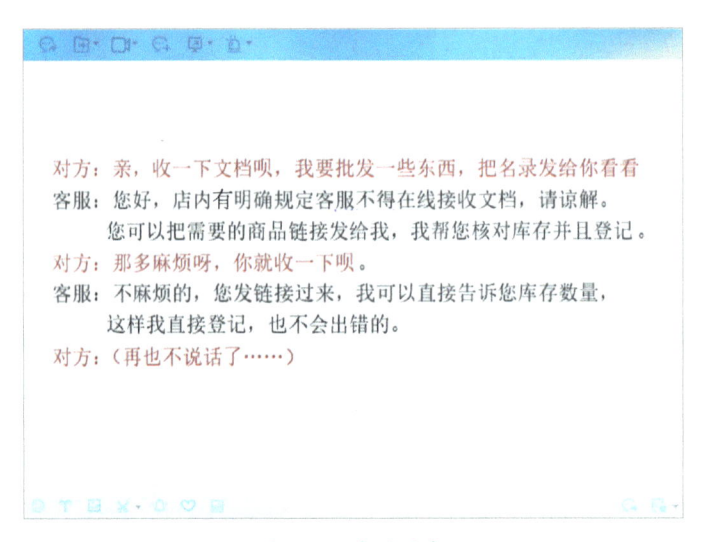

图 9-34　交流信息

总而言之，一句话，千牛上不明来历的文件坚决不能收取。

情况二：通过千牛发送不安全链接。

客服需要学会对店铺商品安全链接的识别，如图9-35和图9-36所示，不管是一般的网页浏览，还是客服的千牛工作台消息，安全链接都有绿色的安全标志。

图 9-35　安全网页链接

图 9-36　安全消息链接

相反，如果是不安全链接，则会有黄色的问号提示，如图 9-37 所示。对于这类网页，最好不要轻易点击，钓鱼网站会伪装成淘宝或者支付宝的登录页面，诱导点击者输入账户名和密码，造成信息泄露，导致账户出现安全问题。在这里提醒客服人员注意，凡是通过千牛聊天窗口点击的淘宝或者天猫的正常页面，只要在子账号的权限范围内，就不需要再次输入账户名和密码。这也是辨别淘宝正常页面和钓鱼网站页面的一种方式。

图 9-37　不安全网页链接

情况三：假冒淘宝小二（阿里工作人员）。

淘宝小二在卖家心目中是神秘的，尤其是集市卖家，很少有机会接触到小二。有些不法分子会利用卖家对小二的不了解和敬畏来骗取信任，以达到骗取卖家账号信息、盗取资金、扰乱店铺正常经营的目的。因此，客服要学会如何辨认淘宝官方的小二。首先，在千牛上都有明显的标识，如图9-38所示。其次，淘宝小二是不会向卖家索要账号名、密码等信息的。总之，无论什么人什么身份，向你索要账号名、密码或者验证码时，都要坚决地拒绝。

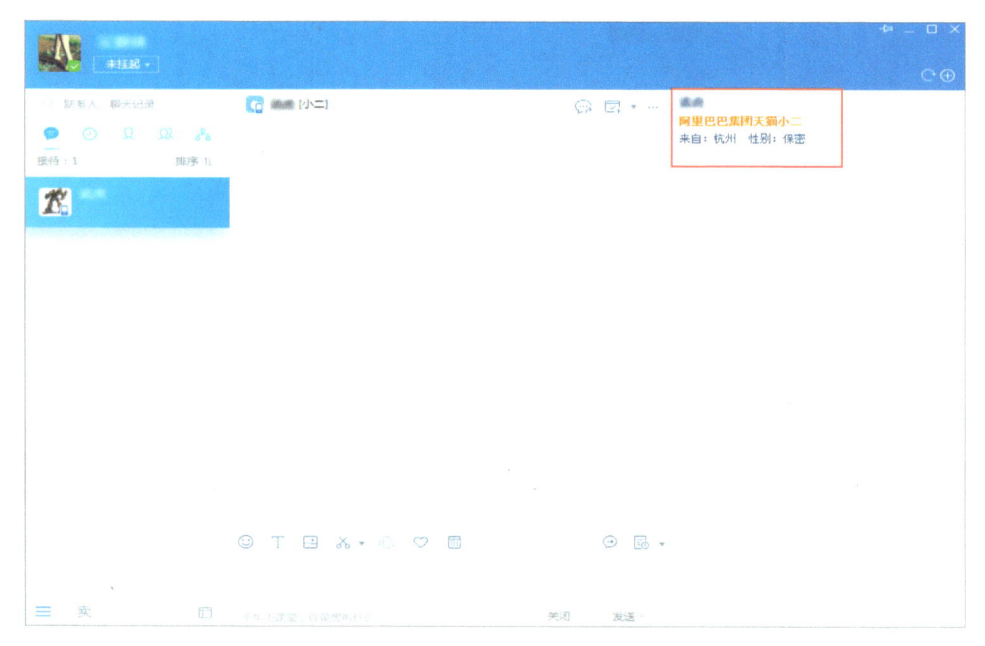

图 9-38 淘宝小二标识

情况四：对方要求第三方平台支付。

在淘宝平台，特别是天猫店铺，销售订单需要通过支付宝担保交易服务来完成，如果对方以各种借口想规避支付宝担保交易服务，企图通过转账或者其他第三方支付平台来进行交易，则应坚决地拒绝。特别是对于天猫店铺来说，如果同意对方使用其他方式进行交易的行为本身就是违规的，经查实会被扣分。而且无论是对于天猫店铺还是淘宝店铺，这种行为也是不安全的，有些不法分子会故意询问是否可以采取非支付宝担保交易服务进行操作，当客服人员同意后，骗子会立即截图，然后通过电话等方式联系卖家，以举报相要挟进行敲诈。

情况五："买家"要求扫码支付。

现在随处可见的就是扫码支付，而这种支付方式虽然给我们的生活带来了便捷，但是也同样留下了很多安全隐患。卖家在不确定的情况下，不要随便扫描各种二维码，以避免发生账户被盗，造成经济损失。

除上文中所说的可能导致出现账户安全问题的情况外，还存在对方故意诱导客服触犯淘宝规则，导致发生店铺被扣分或者被处罚的情况。

以下案例就是对方故意造成账户名混淆诱导客服触犯泄露他人信息的规则。故意注册相似的账户，俗称双胞胎账户，混淆视听，一个来咨询，一个来购买，很容易造成客服在接待时发生混淆而产生失误，如图9-39所示。

0和O

1和I

1122和1112

图9-39　双胞胎账户

两个ID只有一点点不同，比如0（数字零）买家是开始咨询购买的买家，但是之后O（字母O）买家来联系，说刚才留错地址了，要改地址，如果客服改了地址，收到货的必然是O买家，而实际下单的0买家就会找来，说卖家没有发货，或者发错地址了。这个时候卖家才恍然发现是两个不同的 ID 在联系。

就算 O 买家不要求改地址，而只是来简单地核对地址，客服把下单的 0 买家地址发给了 O 买家，0 买家一样可以来投诉卖家泄露买家信息，这可属于严重违规，一次要扣 6 分。

更有甚者，连相似账户都懒得注册，只是换个账户来找各种借口，如购买账户密码忘记了登录不上，是朋友下单购买送给自己的，或者声称自己是对方的亲戚朋友，要求来核对地址或者更改地址等，客服在处理订单的过程中，对这些要求都要果断地拒绝。

客服只需谨记一个原则，即哪个 ID 购买，哪个 ID 下单。如图 9-40 所示，在千牛工作台右侧的订单处会有买家下单的记录，客服在做订单的核对和修改时，按照订单安全操作来进行，就会让那些骗子无机可乘。

图 9-40 核对原则

以上情况虽然在店铺经营的过程中不是很常见，但是一旦发生就会给店铺带来比较严重的影响，危及店铺的正常运营。最安全的做法就是，在店铺经营的过程中，严格遵守平台规则，不要贪便宜图省事，天上掉下来的一般都不是馅饼而是陷阱。只要遵守规则，按照正确的流程进行交易，就可以最大限度地保证账户和资金的安全，确保店铺正常运营。

第 10 章

平台交易流程

作为一名电商客服，要想服务好顾客，首先要了解淘宝网购物交易流程，熟悉淘宝网支持的付款方式，掌握淘宝网订单处理流程。假设有顾客在店铺购物时遇到不知道如何下单、如何付款、如何评价等问题，如果商家都不清楚购物流程、付款方式，谈何服务好顾客。所以本章会对淘宝平台的支付方式及交易流程进行讲解。

10.1 买家购物流程

在客服岗前培训中，对买家购物流程的培训是必不可少的，但又很容易被忽视。原因就在于，客服人员会觉得买家购物流程和自己平时的操作与接单工作没有必然的联系。但是换个角度来谈客服岗位的工作，就是在整个购物环节中尽量帮助买家解决问题、提供服务，最终达到促成交易、提升买家购物体验的目的。所以学习和了解买家购物流程是非常必要的，而且在学习的过程中，需要关注的点不仅仅是买家在购物过程中会有哪些行为动作以及操作，还要学习分析在整个购物环节中买家会遇到哪些问题，我们是否能为其提供必要的帮助。

如图10-1所示，一个标准化、理想化的买家购物流程，会从产生需求开始到评价打分结束。注意：在这个流程中并不包含诸如退换货、退款、申请售后以及投诉等环节。

在买家购物流程中，我们会看到，一个人购买行为的产生一定是由需求引起的，只是有的需求是由买家主动产生的，比如买家生活中缺少什么必需品而需要购买；有的需求是买家受到某种刺激后被动产生的，比如在闲逛时看到广告，或者在关注平台活动时，看到某个喜欢的商品价格合适而引发了买家购买的冲动。我们把买家的购买行为分为日常购买和活动购买两种。如果是日常购买，买家通常会进入搜索查找商品的环节；如果是活动购买，买家通常会直接进入筛选环节。对于搜索查找商品的环节，要么通过在搜索框内输入与商品相关的词语（关键词），要么在平台中通过浏览聚划算、淘抢购以及天天特价等活动页面，去寻找是否有自己需要的商品。当搜索查找到一定范围的商品后，买家通常会进行筛选、排序以及对比，在这一系列的行为动作中，买家是为了缩小范围，找到自己最喜欢、最感兴趣、最想购买的商品。下面通过案例来简单了解一下，在淘宝平台上买家搜索查找、筛选排序以及对比商品的环节。

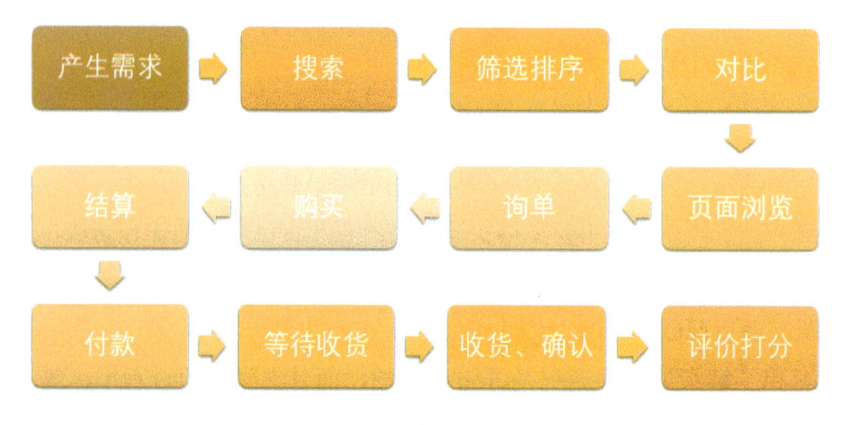

图 10-1　买家购物流程图

首先来看买家搜索的操作页面。如图 10-2 所示，"龟苓膏"就是买家搜索的关键词，页面下面会显示若干搜索结果。我们也可以通过多个关键词组合来缩小搜索范围，比如在后面加上品牌、产地等相关关键词。

当买家完成搜索以后，就要开始进行筛选排序以及对比了。在淘宝平台上，买家可以通过平台提供的所有筛选条件来逐步挑选自己喜欢的品牌、发货城市等，如图 10-3 所示。

在图 10-3 中我们可以看到，买家搜索到相应的商品以后，可以通过品牌、选购热点、流行元素等商品属性对商品进行筛选，还可以筛选发货地点、是否包邮、是否赠送运费险等。买家也可以通过综合排序、人气、销量、价格等因素对商品进行排序，以进一步缩小选择范围，让自己更容易找到所喜欢的商品。

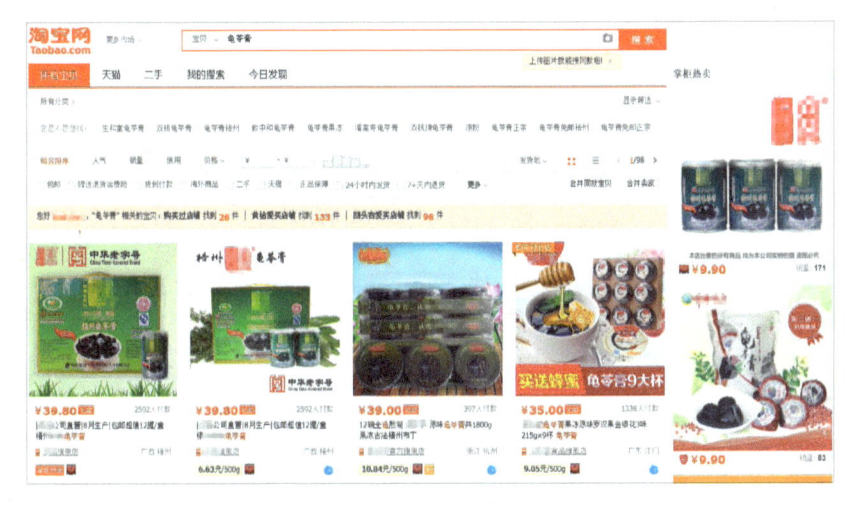

图 10-2 搜索商品

图 10-3 对商品进行筛选排序

我们前面提到，除日常购买行为以外，买家还会受到活动刺激，产生活动购买行为。因为活动购买就不涉及搜索的问题了，买家会直接进入筛选排序的环节。但是与日常购买中筛选排序的行为不同，因为参加活动的商品可能很多，买家会在众多不同的商品中进行筛选，哪种商品是自己最想买的，价格又合适。如图 10-4 所示，在聚划算的页面中，可能有几种商品都是买家喜欢的，那么买家也需要根据自己的实际情况对商品进行筛选，选出自己最想买的商品。

图 10-4　在活动购买中筛选商品

无论是日常购买还是活动购买，买家都会对最终筛选出来的商品进行对比，看看价格，再看看运费，关注一下发货地等因素，最终确定有购买意向的商品。

当买家进行了大概的商品对比以后，接下来就会浏览页面来获取更多的关于商品的细节信息。如图 10-5 至图 10-9 所示，买家进入商品详情页面进行浏览，获取关于商品细节图、商品详细描述、品牌故事以及商家服务承诺等详细信息。

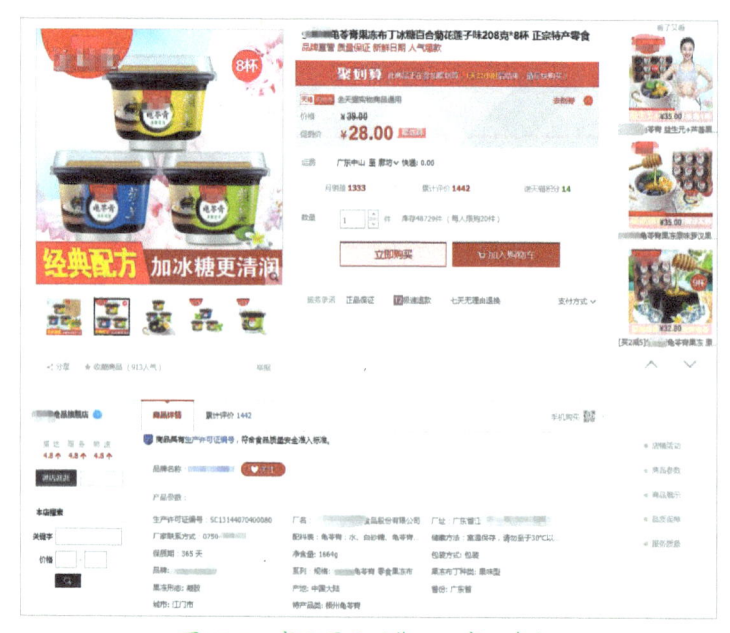

图 10-5　商品页面浏览——商品参数

第 10 章 平台交易流程 | 159

图 10-6 商品页面浏览——商品细节图

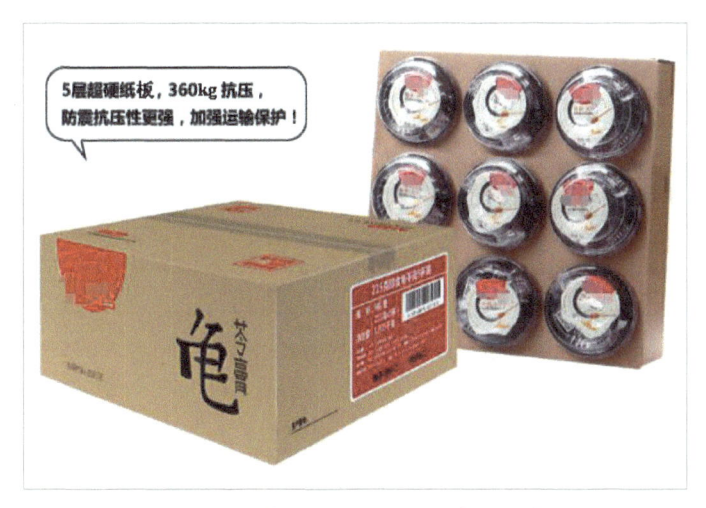

图 10-7 商品页面浏览——商品包装

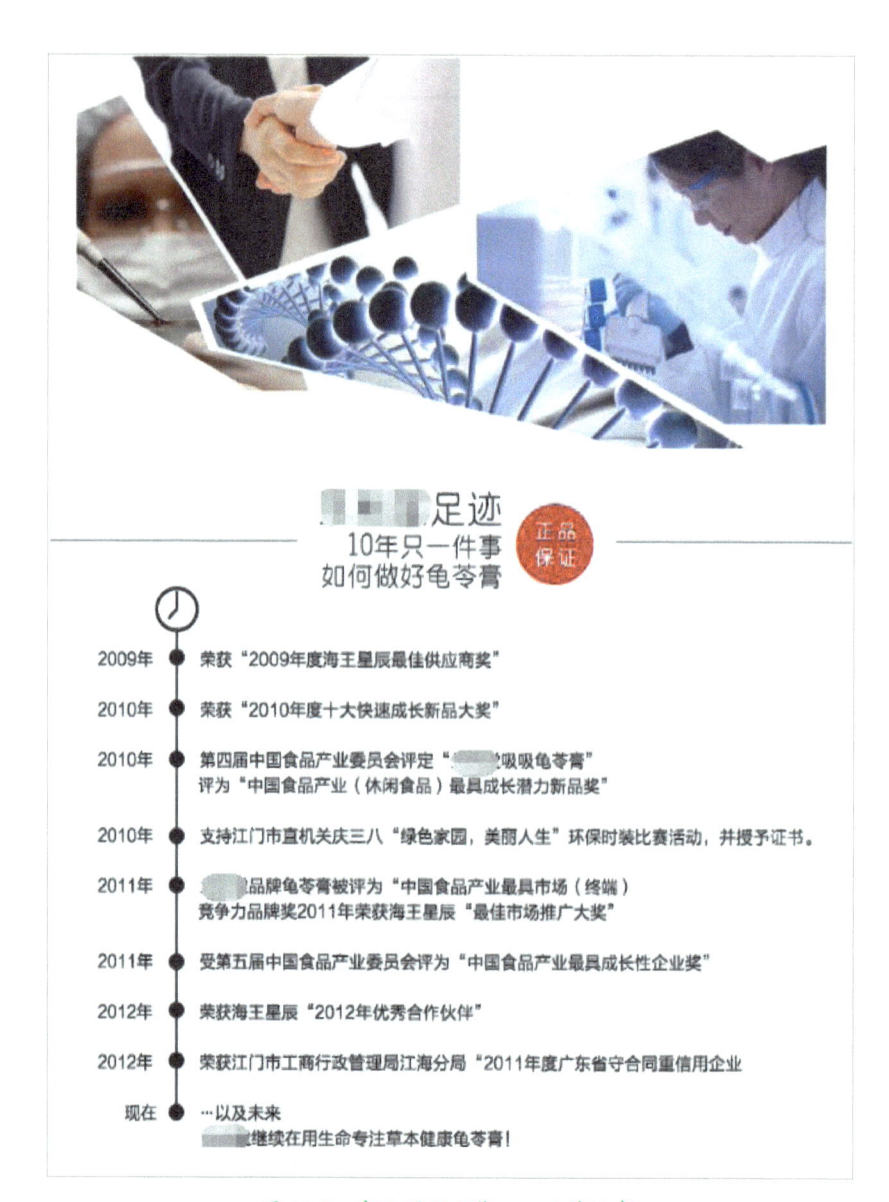

图 10-8　商品页面浏览——品牌故事

图 10-9　商品页面浏览——服务承诺

当买家浏览商品，遇到问题时，一般会选择直接通过旺旺与客服进行沟通，这就是我们所说的询单环节。在询单环节中，买家会就一些细节问题，或者自己不确定的问题与客服进行沟通交流，以获取相应的信息。如图 10-10 所示是一个千牛聊天窗口，买家正在向客服确认关于活动的规则问题。所以对于客服来说，如果想在询单环节做到成功销售就要顺畅地回答买家提出的问题，这些问题包括但不限于商品详情、使用方法、保养维护、搭配、店内活动及优惠等。这就需要客服有很充足的知识储备。

图 10-10　千牛客服对话窗口

如果买家没有太多疑问，则会开始进行拍下商品的操作。一般只购买一件商品的话，会单击页面上的"立即购买"按钮；如果购买多件商品，则会单击"放入购物车"按钮，然后到购物车中一起结算。如图 10-11 所示，买家单击"立即购买"按钮，然后进入结算页面，如图 10-12 所示。

图 10-11　立即购买操作

图 10-12　结算页面

　　如果买家一次购买多件商品，那么通常会先把要买的商品放入购物车中，然后进入购物车中一次性结算。如图 10-13 和图 10-14 所示，买家通过购物车进行购买。

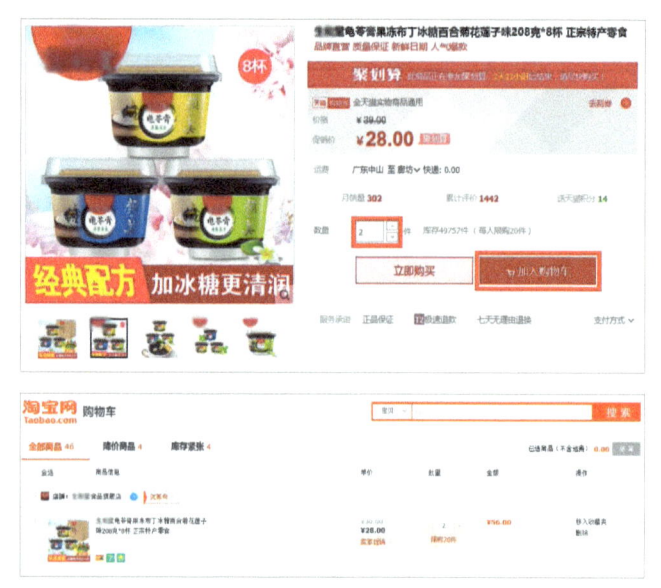

图 10-13　加入购物车操作

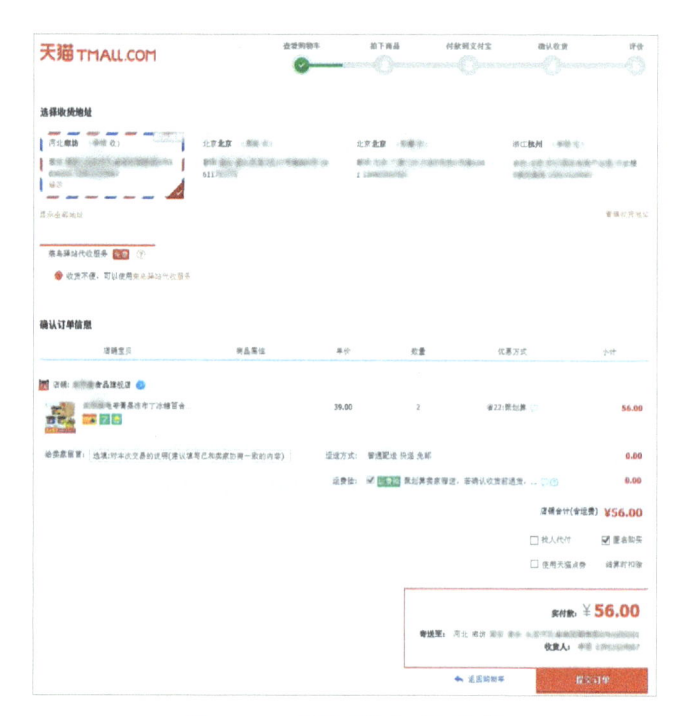

图 10-14　通过购物车进行结算

当进入结算页面以后，买家将再次确认购买的商品以及收货地址等信息，然后单击"提交订单"按钮进入付款页面。如图 10-15、图 10-16 和图 10-17 所示，买家需要选择付款方式。然后输入支付宝支付密码确认付款。

图 10-15 选择付款方式

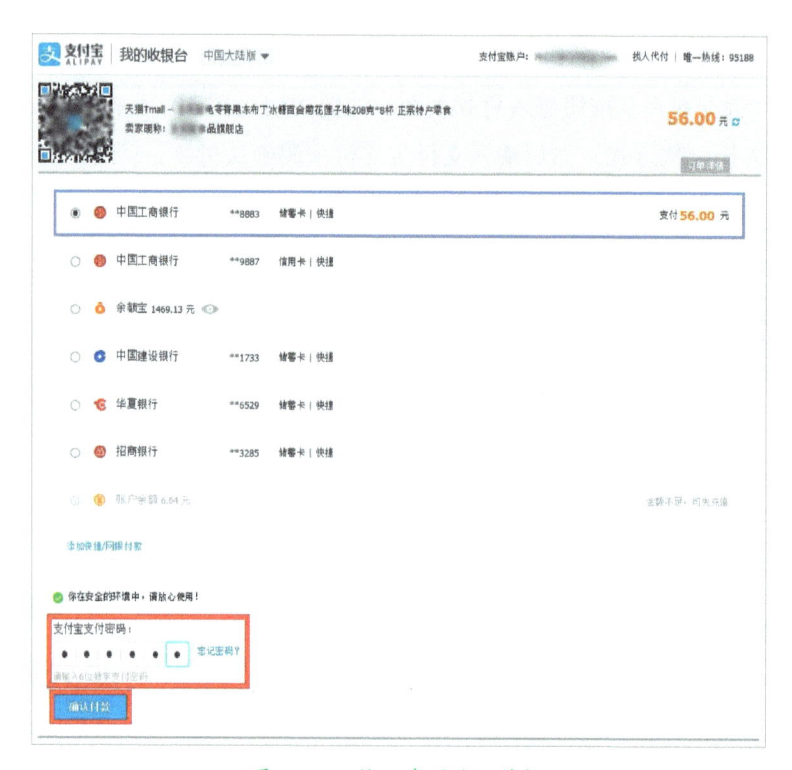

图 10-16　输入密码确认付款

图 10-17　付款成功

当买家付款成功以后,在"买家后台"——"已买到的宝贝"中,订单状态会显示成"买家已付款",在这里买家还可以进行提醒卖家发货的操作,如图 10-18 所示。

图 10-18　买家已付款

接下来订单就进入等待卖家发货,并等待快递运送商品的状态了。在此期间,买家很有可能向客服咨询快递的状态,客服则有责任为买家进行查询,并告知买家快递的状况,如图 10-19 所示。

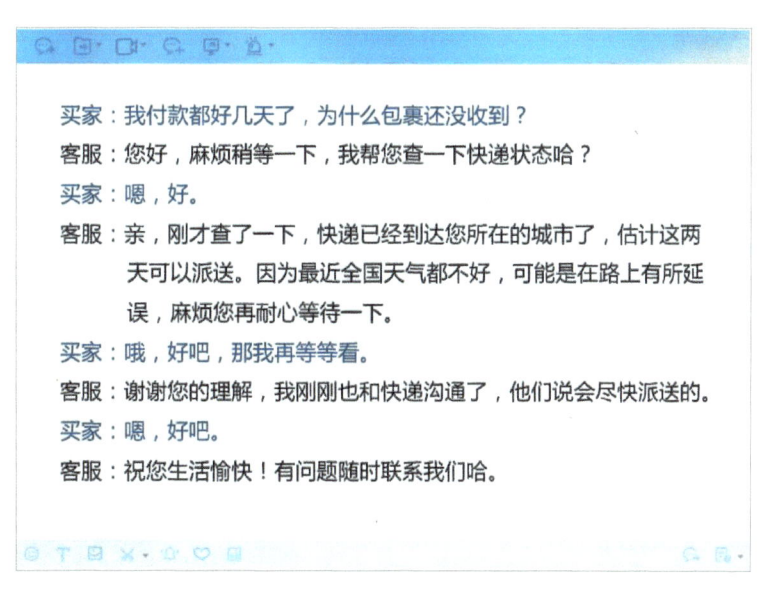

图 10-19　买家咨询快递状况

当快递送货上门时，买家需要进行验货签收。买家在快递在场的情况下，验货确认商品无误，没有损坏，然后进行签收。当买家签收以后，就需要进行确认收货的操作了。买家需要进入"我的淘宝"——"已买到的宝贝"，找到对应的订单，然后单击"确认收货"按钮，进行诸如输入支付宝支付密码、确认收货等操作。详细的操作步骤如图10-20至图10-24所示。

图10-20　确认收货

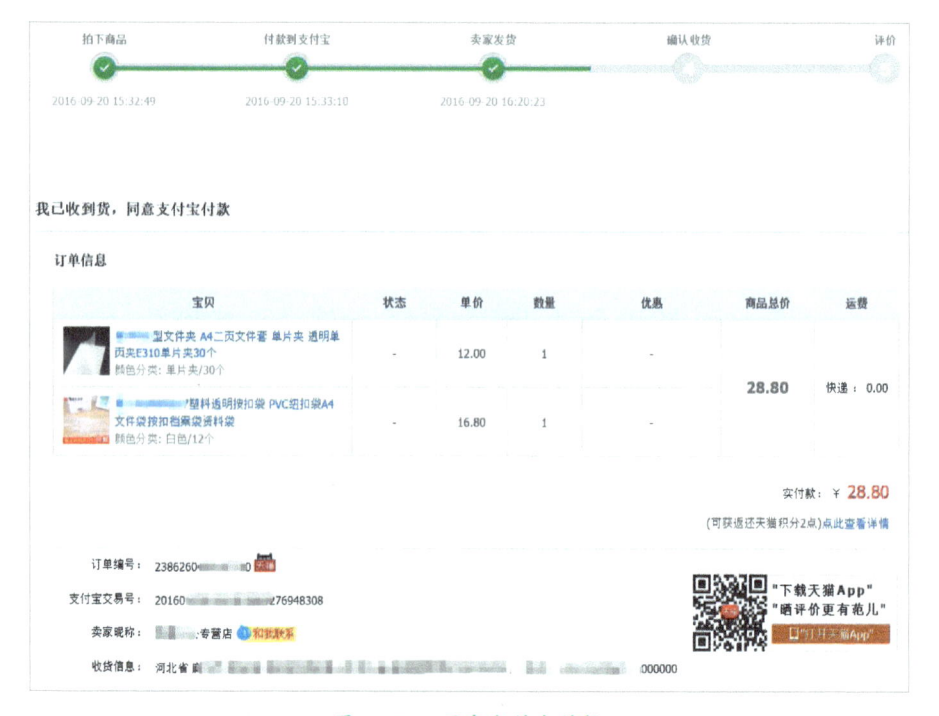

图10-21　同意支付宝付款

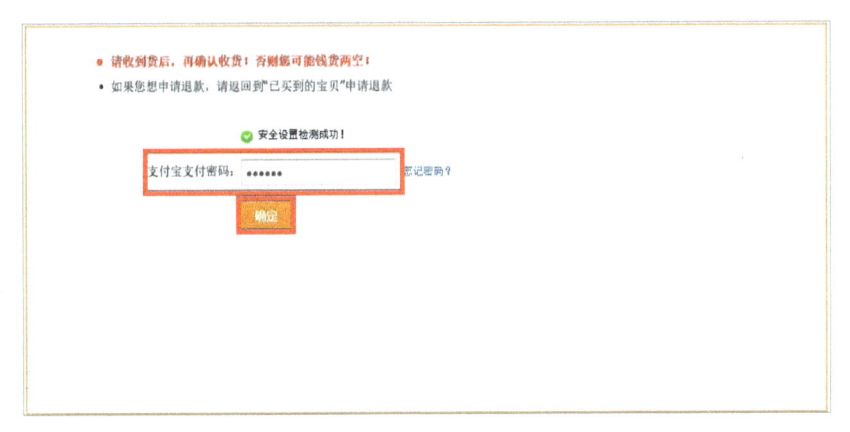

图 10-22　输入支付宝支付密码

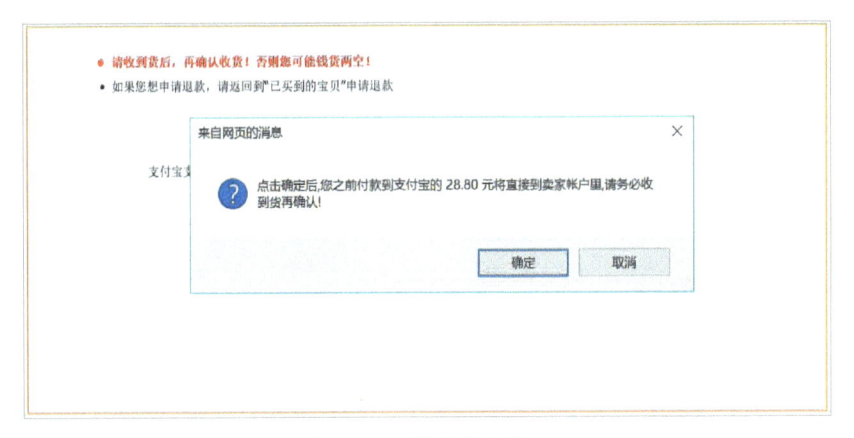

图 10-23　平台安全提示

图 10-24　确认收货完毕

当买家完成确认收货操作以后，就可以对该笔订单进行评价和给商家打分了，买家有权利按照自己的想法对商品以及整个购物体验进行评价和打分。买家进入"已买到的宝贝"页面，找到相应的订单，单击"评价"按钮进入评价页面，然后对该笔订单进行评价及评分操作，如图 10-25 和图 10-26 所示。

图 10-25　准备评价

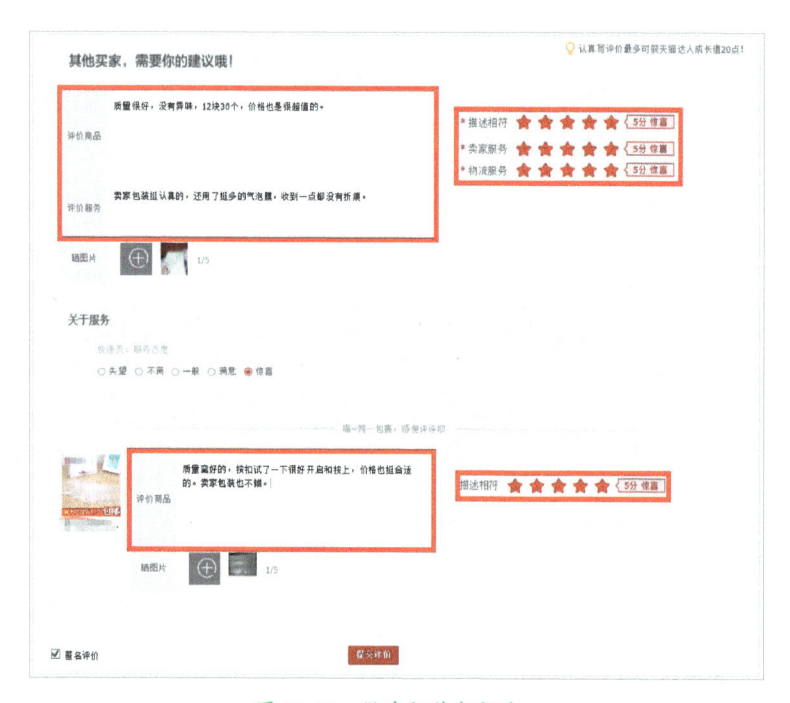

图 10-26　做出评价与评分。

当买家对订单进行评价和评分以后，通常我们所说的标准的买家购物流程就结束了。

通过对买家购物流程的了解和学习，客服需要掌握购物环节中的一些操作，这样可以随时为买家提供服务与帮助，以便买家顺利完成购物，提升买家的购物体验和对店铺的信任度。

10.2 买家支付方式

线上店铺的交易方式和线下实体店有所不同，线下交易一般是一手交钱一手交货，而线上交易是先付钱还是先发货呢？因为买卖双方是通过互联网建立连接的，无法实现一手交钱一手交货。为了解决网络交易中信任的问题，阿里巴巴推出了支付宝。首先，顾客进行网上交易时把银行卡里的钱支付到支付宝；然后，商家通过快递物流把商品送达顾客手上，顾客收到商品后在淘宝平台上确认收货；最后，支付宝将这笔订单的货款支付给商家。顾客的钱通过支付宝支付给商家，支付宝在整个交易过程中起到了担保交易的作用。接下来就讲一讲顾客在网上交易时有哪些支付方式。

10.2.1 快捷支付

快捷支付是指无须开通网银，只需关联顾客的信用卡或者储蓄卡，每次付款时输入支付宝支付密码即可完成付款。首次开通快捷支付时，顾客需要准备一张用自己的身份证办理的银行卡，快捷支付支持上百家银行的储蓄卡及信用卡，如图 10-27 所示。

选择一家银行后，需要填写办理银行卡时预留在银行的相关信息，如图 10-28 所示。这里有两点需要大家注意：①开通快捷支付所用银行卡的账户名必须和注册支付宝账户时提交的身份证户名保持一致，也就是说，张三的银行卡不能借给李四开通支付宝快捷支付。②填写办理银行卡时预留在银行的手机号码，如果没有预留手机号码或者预留的是以前使用的手机号码，则需要持本人身份证去银行柜台更新信息。

图 10-27　关联银行卡操作

图 10-28　开通快捷支付服务

顾客成功开通快捷支付后，每次购物时只需选择已绑定快捷支付的银行卡，输入支付宝支付密码就可以完成支付，如图 10-29 所示。

图 10-29　完成设置

10.2.2　蚂蚁花呗

蚂蚁花呗是蚂蚁金服推出的消费信贷产品，花呗的用户被授信透支额度。花呗开通成功后，这月买，下月还，按时还款还不收费。顾客可以在支付宝钱包搜索框中输入"花呗"进行搜索，然后单击花呗应用进入开通花呗页面，如图 10-30 所示。

图 10-30　花呗页面

单击"开通花呗"按钮，开通花呗，如图 10-31 所示。

图 10-31　开通花呗

有些顾客登录成功后看不到"开通花呗"按钮，则表示无法开通蚂蚁花呗功能，支付宝系统会根据顾客的账户多维度综合判断是否能开通花呗功能。开通成功后，顾客就可以选择蚂蚁花呗付款了，如图 10-32 所示。

花呗消费额度是由蚂蚁花呗根据你的网购综合情况评估得出的，目前花呗、花呗分期共用一个额度。

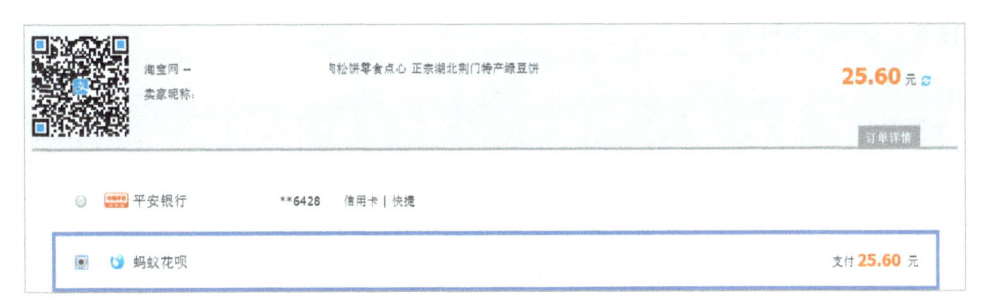

图 10-32　选择付款方式

10.2.3　余额宝支付

余额宝是支付宝推出的一项余额增值服务。顾客可以把支付宝余额随时转入、转出或消费，非常灵活、便捷。付款时在支付页面中可以选择"余额宝"，如图 10-33 所示。

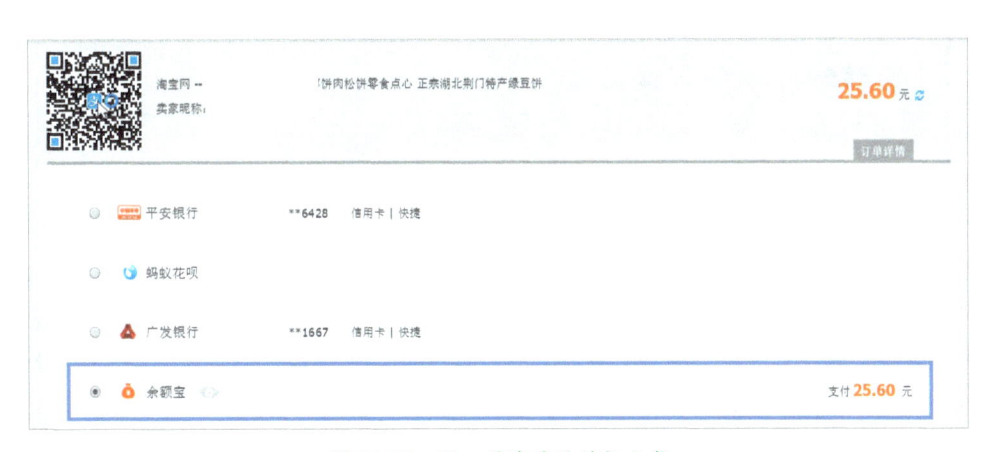

图 10-33　另一种淘系的付款方式

10.2.4　信用卡支付

信用卡支付是指当商家开通信用卡支付服务后，顾客可以通过支付宝选择上百家银行的信用卡进行支付，拍下商品后可以选择快捷支付或网上银行进行

付款，如图 10-34 所示。

图 10-34　信用卡支付

输入信用卡卡号后，系统会根据卡号自动判断所属银行，如图 10-35 所示。

图 10-35　所属银行

选择"网上银行"，然后单击"下一步"按钮，网页会跳转到银行支付页面，输入信用卡相关信息，通过验证后即可完成支付。请注意：支付用的信用卡需要开通网上银行功能，否则无法完成支付，如图10-36所示。

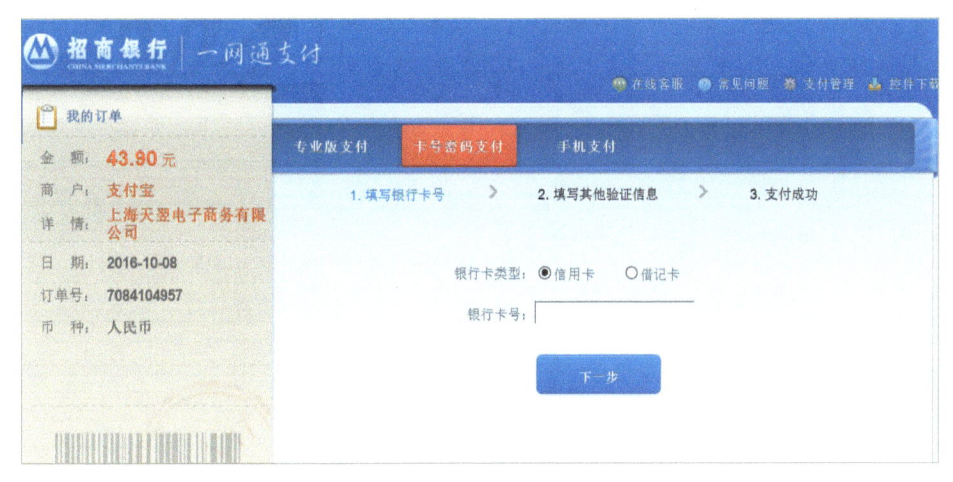

图 10-36　验证后完成支付

10.2.5　支付宝余额支付

顾客可以通过多种方式将资金充值到支付宝余额账户中，该余额可用于消费、转账、提现等。顾客在网上购物时可以选择支付宝余额支付方式，输入支付宝支付密码即可完成支付，如图10-37所示。

图 10-37　余额宝支付操作

10.2.6　网上银行

顾客可以使用已开通网上银行功能的银行卡完成支付。拍下商品后，可以选择快捷支付或网上银行进行付款，如图 10-38 所示。

图 10-38　网上银行卡支付

输入已开通网上银行付款功能的银行卡卡号，如图 10-39 所示。

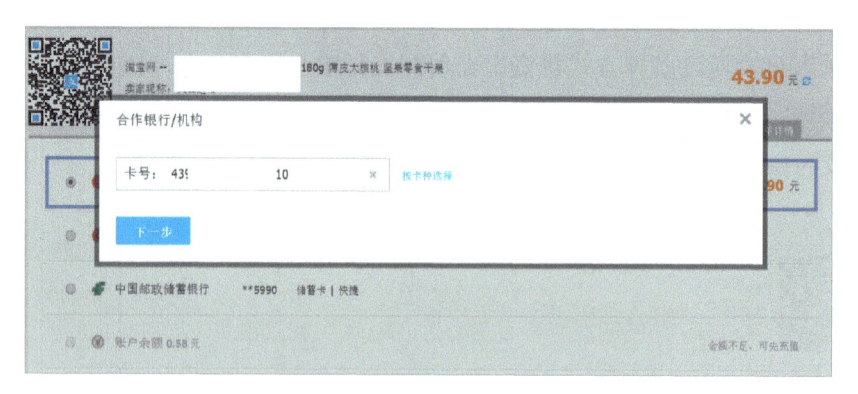

图 10-39　输入卡号

单击"下一步"按钮，系统会自动识别银行卡相关信息，如银行卡归属以及银行卡种类。单击"登录到网上银行付款"按钮，如图 10-40 所示。

网页会跳转到网上银行支付页面，在页面中填写银行卡相关信息，通过验证后即可完成网上银行支付，如图 10-41 所示。

图 10-40　登录到网上银行

图 10-41　完成支付

10.2.7　货到付款

顾客购买支持货到付款服务的商品时，无须开通网上银行。顾客下单后，在确认订单信息页面中选择"货到付款"，收到快递商品确认无误后，将货款支付给快递公司，如图 10-42 所示。

图 10-42　货到付款方式操作

单击"下一步"按钮，确认货到付款信息。如图 10-43 所示，提交订单后，商家通过快递物流发货，顾客收到商品后可以通过支付宝钱包扫描快递员手中的二维码进行扫码支付，也可以把现金付给快递员。

图 10-43　两种付款方式

10.2.8　找人代付

找人代付是指当顾客在网上购买商品后，可以由他人（代付人）帮助完成网上付款。顾客下单后，在确认订单信息页面中勾选"找人代付"复选框，如图 10-44 所示。

图 10-44　找人代付方式

单击"提交订单"按钮，跳转到申请代付页面。如图 10-45 所示，填写好友的支付宝账户名或者淘宝账户名，同时还可以给他留言，输入校验码，最后单击"请他付款"按钮。此时该好友（代付人）就可以收到顾客的申请代付消息，代付人在自己的支付宝后台完成支付后，该订单即完成了付款。

图 10-45　填写好友账号

10.3 卖家交易流程

商家在日常经营的过程中需要对处于不同状态下的订单进行处理。本节将对淘宝交易中日常订单的处理方法进行讲解。

10.3.1 登录卖家中心

在交易过程中登录较为频繁的一个入口就是卖家中心，也就是登录淘宝后台。可能有读者会问，有后台是不是就有前台呢？是的，前台就是我们所看到的淘宝店铺。下面讲一讲如何登录卖家中心。

在淘宝网首页顶部右侧找到"卖家中心"登录入口，如图10-46所示。

图10-46 "卖家中心"登录入口

单击"卖家中心"，网页跳转至登录页面，如图10-47所示。

请注意：只有成功开通淘宝店铺的淘宝账号才能登录到卖家中心。登录名可以是当时注册淘宝账号时使用的手机号，也可以用注册账号时设置的淘宝会员名登录，还可以用注册账号时设置的邮箱登录。除了这些登录方式，淘宝网还有一个非常人性化的设计——如果手机淘宝App或者阿里钱盾已经成功登录账户，则可以用它们的扫一扫功能扫码登录卖家中心。登录成功后，进入卖家中心，如图 10-48 所示。

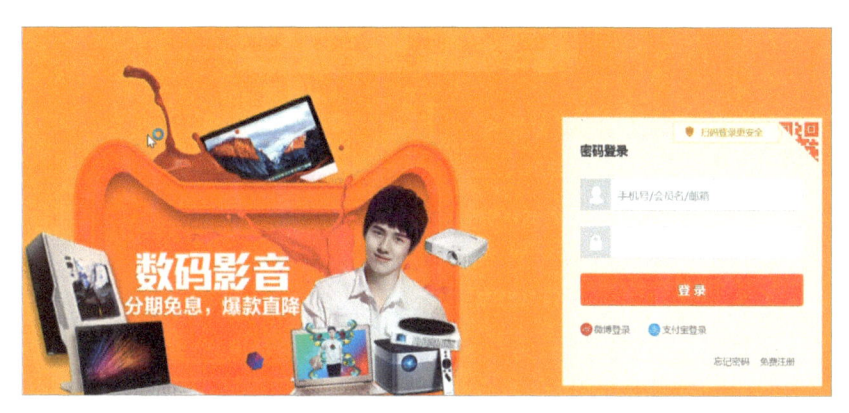

图 10-47　登录页面

图 10-48　登录后的页面

10.3.2　查找订单

成功进入卖家中心后，商家可以对店铺订单进行处理。首先要进入"交易管理"模块，如图 10-49 所示。

图 10-49 "交易管理"模块

单击"已卖出的宝贝",进入店铺订单管理页面,如图 10-50 所示。

图 10-50 订单管理

在"已卖出的宝贝"中可以对订单进行查找。下面就介绍如何查找店铺订单。

1. 通过相关信息查找订单

可以在已卖出的宝贝页面中通过宝贝名称查找订单，如图 10-51 所示。

图 10-51　查找订单

假设在"宝贝名称"框中输入"木地板压条"然后单击"搜索订单"按钮，那么在近三个月订单中，只要宝贝标题中含有"木地板压条"关键词，这些订单就会被搜索出来，如图 10-52 所示。

图 10-52　查找结果

除此之外，还可以通过买家昵称查找订单。通过这种方法可以找到这位顾客近三个月的订单信息，如图 10-53 所示。

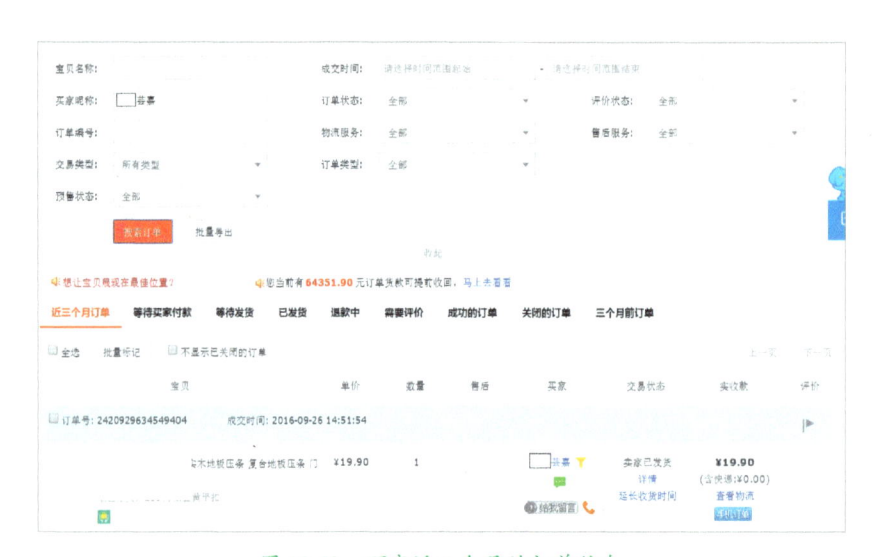

图 10-53　顾客近三个月的订单信息

2．通过订单状态查找订单

进入已卖出的宝贝页面中，可以看到在订单显示列表上方有不同的订单状态标签。

单击"等待买家付款"，如图 10-54 所示，系统会把顾客已经下单但还没有付款的订单展示出来。也可以通过宝贝名称、买家昵称等相关条件在等待买家付款的订单中更精准地查找订单。

单击"等待发货"，如图 10-55 所示，系统会把顾客已经付款但商家还没有发货的订单展示出来。

单击"已发货"，如图 10-56 所示，系统会把商家已发货但顾客还没有确认收货的订单展示出来。

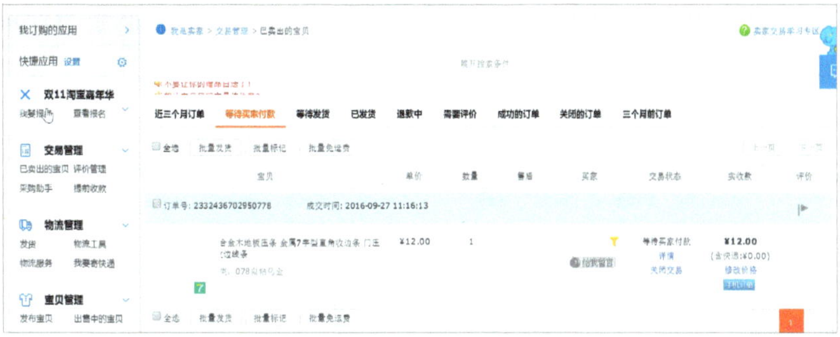

图 10-54　未付款的订单清单

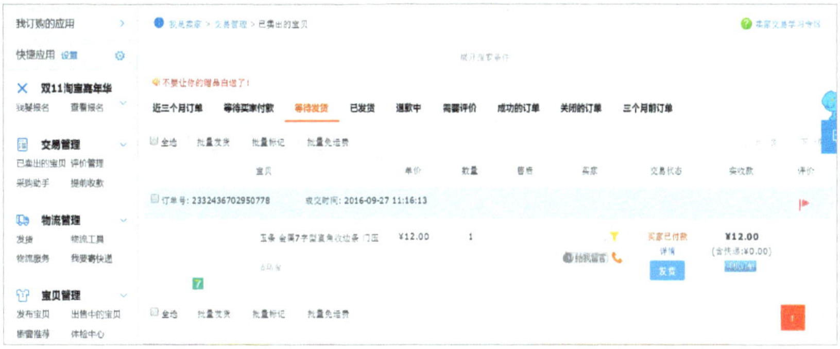

图 10-55　未发货的商品清单

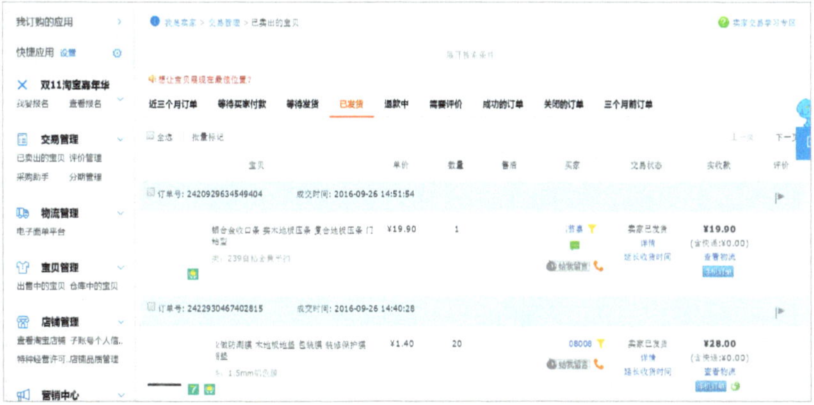

图 10-56　已发货的商品清单

单击"退款中",如图10-57所示,系统会把顾客申请退款的订单展示出来。

图10-57 申请退款的订单

单击"需要评价",如图10-58所示,系统会把已交易成功但未评价的订单展示出来。

图10-58 未评价的订单

单击"成功的订单",如图10-59所示,系统会把已交易成功的订单展示出来。

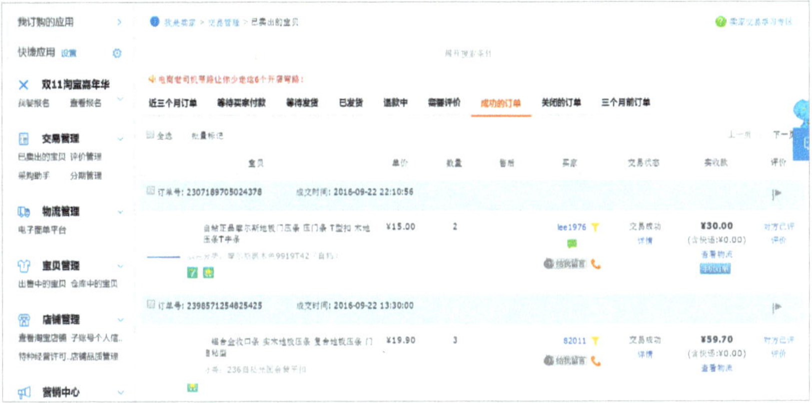

图 10-59　交易成功的订单

单击"关闭的订单",如图 10-60 所示,系统会把交易关闭的订单展示出来。单击"三个月前订单",还可以把历史订单搜索出来。

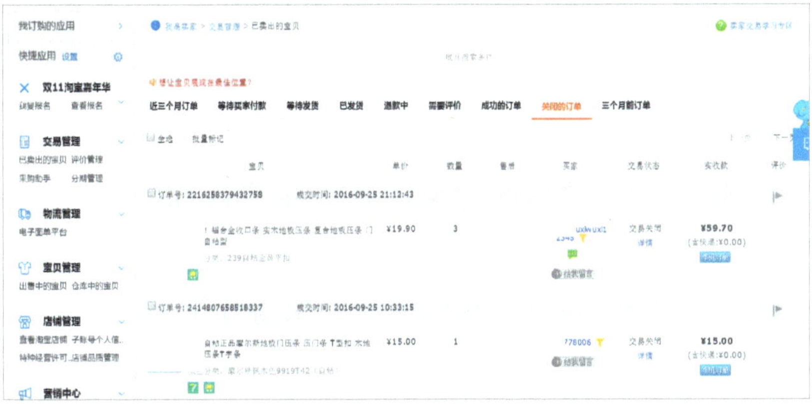

图 10-60　交易关闭的订单

通过此种方法可以把不同状态的订单筛选出来,方便商家对订单进行下一步处理。

接下来看一下卖家交易流程。如图 10-61 所示是卖家交易流程,卖家可以对交易流程中的订单进行相应的处理。

图 10-61　交易流程

10.3.3　等待买家付款

顾客在店铺下单后，在已卖出的宝贝页面中就可以显示出顾客的订单。订单状态是等待买家付款，如图 10-62 所示。针对未付款的订单商家可以对订单价格进行修改，也可以关闭交易，以及对订单进行标记。

图 10-62　等待买家付款的页面

1. 修改订单价格

商家可以单击"修改价格"，进入修改订单价格页面，如图 10-63 所示。

图 10-63 修改价格

在修改订单价格页面中可以对订单中的宝贝价格进行修改，也可以对订单邮费进行修改。如图 10-64 所示，可以看到案例中对原价 12 元的宝贝进行减 2 元处理，如果涨价就需要输入正数。

图 10-64 修改邮费

在交易过程中常常会遇到顾客要求包邮,商家可以把该订单的邮费修改为 0,这样就实现了订单包邮。也可以直接在"邮费"框中输入邮费金额,单击"确定"按钮后,整个订单的金额就发生了变化,如图 10-65 所示。

图 10-65　修改完成

2．关闭订单

对于等待买家付款的订单,商家可以关闭交易,如图 10-66 所示。

图 10-66　商家选项

在关闭交易前应与顾客达成一致。同时还需要选择一个关闭理由，如图10-67所示，然后单击"确定"按钮。这样这个订单就被关闭了，对于关闭的订单顾客将无法付款。

图 10-67　选择关闭理由

3. 订单标记

在交易过程中，顾客经常会提出送赠品或者指定发某快递等个性化要求。这时商家就需要把顾客的要求标记到订单上，发货时就可以看到该订单的标记信息，以免出错，给顾客带来不好的购物体验。接下来就讲一讲如何对订单进行标记。

首先在等待买家付款状态下找到需要标记的订单，如图10-68所示。可以看到订单右上角有一个灰色的小旗子，单击它可以打开订单标记页面，如图10-69所示。可以选择不同颜色的小旗子，不同颜色可以表示不同的含义，这个由商家自己定义。例如，案例中标记为红色的小旗子表示发韵达快递，送赠品。在发货时看到订单标记为红色的小旗子就知道此订单发韵达快递，而不能发其他快递，这就是订单标记的作用。有一点需要注意，标记信息只有商家自己可以看到并操作，顾客是无法看到的。

图 10-68　标记订单

图 10-69　标记信息填写

10.3.4　等待发货

当顾客在店铺下单并支付成功后，商家可以在等待发货状态下查找到等待发货的订单，如图 10-70 所示。

商家可以对等待发货的订单进行如发货、修改顾客收货地址、修改快递单号等操作。

图 10-70　等待发货的订单

1. 发货

顾客付款后，商家可以在后台看到订单上有一个蓝色的"发货"按钮。单击"发货"按钮，进入发货页面，如图 10-71 所示。

图 10-71　进入发货页面

在发货页面中我们看到有三个步骤，第一步是确认收货信息及交易详情；第二步是确认发货/退货信息；第三步是选择物流服务，可以选择"在线下单"，也可以选择"自己联系物流"，如果是虚拟产品或者同城自己配送可以选择"无需物流"。如图 10-72 所示，输入快递单号后，系统会自动显示该单号所属的快递公司。单击"发货"按钮，即可完成订单发货操作。

图 10-72　物流服务

2．修改收货地址

在交易过程中经常会遇到顾客下单地址填写有误的情况，这时商家就需要对顾客的收货地址进行修改。在等待发货的订单中单击"详情"，可以打开订单详情页面，如图 10-73 所示。可以修改收货地址，保存后系统会显示新收货地址。

图 10-73　订单详情

10.3.5 已发货订单

商家在后台操作完成发货后，可以在已发货状态下查看所有已发货的订单。

1. 修改快递单号

在填写快递单号时有可能会出现单号填错的情况，这时就需要商家对已发货的订单修改快递单号。在已发货状态下找到需要修改快递单号的订单，单击"查看物流"就可以打开物流详情页面，如图10-74所示。

图10-74 物流详情页面

在页面左上角的运单号码下有一个"修改"按钮，单击该按钮后可以重新选择物流公司，输入新的快递单号，如图10-75所示。

单击"确定"按钮完成修改，如图10-76所示。请注意：商家首次单击"发货"按钮后24小时内可以修改快递单号，超过24小时修改快递信息入口将关闭。

2. 查看物流

在已发货状态下可以查看订单的物流跟踪信息，如图10-77所示。

图 10-75　输入新快递单号

图 10-76　完成修改

图 10-77　查看物流状态

10.3.6 退款中订单

退款退货属于售后问题的范畴，顾客收到宝贝后由于主观原因或者质量问题等可以在后台发起退货退款申请。商家需要对退款订单进行操作，首先在退款中状态下找到待退款的订单，单击"退款"进行操作，如图10-78所示。

图 10-78　退款中的订单

系统会跳转到处理退货退款页面，如图10-79所示。

图 10-79　退货退款页面

退货退款的基本流程分为 4 步：买家申请退货退款→卖家处理退货申请→买家退货给卖家→卖家确认收货，退款完成。在第二步卖家处理退货申请中分为两种情况，一种情况是同意顾客的退货退款请求，如图 10-80 所示。如果商家同意退货退款，则需要把退货地址发送给顾客，同时还可以填写退货说明。

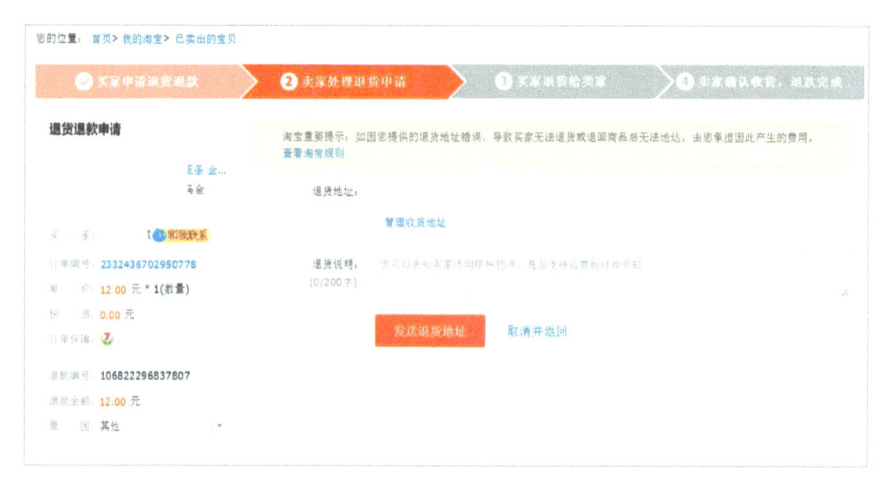

图 10-80　填写退货说明

另一种情况就是拒绝顾客的退货退款请求，如图 10-81 所示。

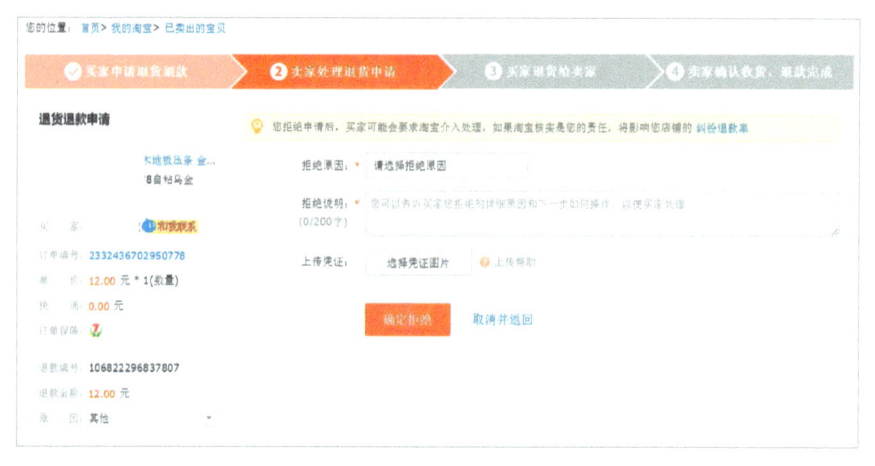

图 10-81　填写拒绝说明

在拒绝时需要选择拒绝原因，填写拒绝说明，如图 10-82 所示，同时还可以上传相关的凭证展示给顾客，顾客就可以收到拒绝退货退款的信息。

图 10-82　选择拒绝原因

这时退货退款申请又回到第一步，顾客可以修改退货退款申请，也可以直接确认收货关闭退货退款申请。如果商家对顾客修改后提交的退货退款申请仍然不同意，则可以申请小二介入，淘宝网小二会根据双方上传的凭证以及聊天记录做出裁定。

如果商家同意顾客的退货退款申请，则单击"同意退货，发送退货地址"，如图 10-83 所示。接下来就需要等待顾客将宝贝通过快递退回。如果商家收到的宝贝不影响二次销售，则可以单击"已收到货，同意退款"，如图 10-84 所示。如果商家收到的宝贝影响二次销售，则可以申请小二介入，提交相关凭证，淘宝小二会根据凭证、留言做出裁定。

图 10-83　同意操作 1

图 10-84　同意操作 2

单击"已收到货，同意退款"后，系统跳转至请收货并退款页面，单击"确认收货并打款"按钮，如图 10-85 所示。

图 10-85　同意操作 3

接下来商家需要输入支付宝支付密码和手机校验码,然后单击"确定"按钮,如图 10-86 所示。

图 10-86　同意操作 4

至此,整个退货退款流程就完成了,顾客的支付宝账户可以立刻收到该订单的退款,如图 10-87 所示。

图 10-87　退款成功

10.3.7　已完成订单

顾客收到宝贝后单击"确认收货"按钮，如果买卖双方都没有对该订单进行评价，商家就需要在需要评价状态下找到未评价的订单，如图 10-88 所示。

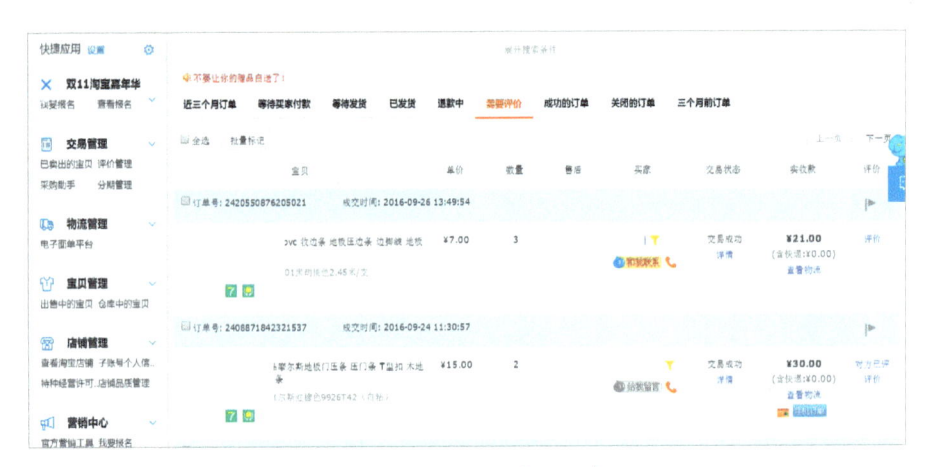

图 10-88　需要评价的订单

单击"评价"，系统打开订单评价页面，如图 10-89 所示。

图 10-89　评价页面

勾选上评价，写上评论，然后单击"发表评论"按钮，即可完成对顾客的评价，如图 10-90 所示。

图 10-90　完成评价

本节对卖家的整个交易流程以及在交易过程中如何处理订单进行了讲解，相信对读者在日后经营店铺的过程中会有所帮助。

10.4 退换货流程

买家在淘宝网购物后,由于产品、服务以及顾客喜好等原因会产生退换货,作为客服人员,应熟练掌握退换货流程,在网店后台进行退换货处理。及时、合理地进行退换货操作,不但可以提升客户体验,而且可以减少售后问题对店铺的影响。

1. 退款/退货

当买家需要退款/退货时,其基本操作方法是:在电脑的浏览器中输入 http://www.taobao.com 进入淘宝首页,单击左上角的"亲,请登录"按钮(如图 10-91 所示),进入淘宝登录页面(如图 10-92 所示),输入用户名和密码登录淘宝后台。单击"我的淘宝"—"已买到的宝贝",在"已买到的宝贝"中选择对应的订单,单击"退款/退货"(如图 10-93 所示),申请退款/退货,同时填写退款/退货的理由,等待卖家处理。

图 10-91 淘宝首页

图 10-92　淘宝登录页面

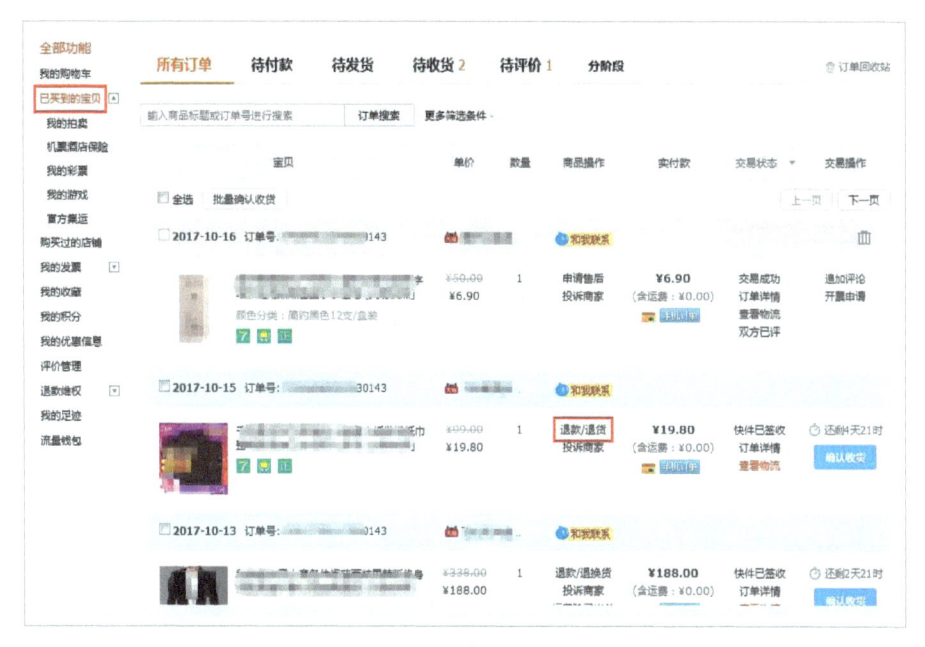

图 10-93　买家后台申请退款/退货操作

对于已经产生的退款/退货申请，卖家一般有两种处理结果：一是同意退款/退货，给买家解决方案，并且操作对应的退款/退货申请；二是拒绝退款/退货，在操作拒绝退款/退货之前，建议客服人员一定要提前联系买家进行协商，避免产生不必要的麻烦。

针对买家申请退款/退货时没有和客服人员取得联系，直接在后台申请退款/退货，并且在订单中没有说明退款/退货的原因，或者没有上传凭证这种情况，客服人员应及时与买家取得联系，了解买家申请退款/退货的原因，不要在未与买家联系前随意拒绝退款/退货申请。

如果联系不上买家，客服人员可以在拒绝时填写拒绝原因，并注明需要配合的方式，表明处理态度，同时上传对应的凭证，最后再进行拒绝退款/退货操作。卖家退款/退货操作流程如图10-94所示。

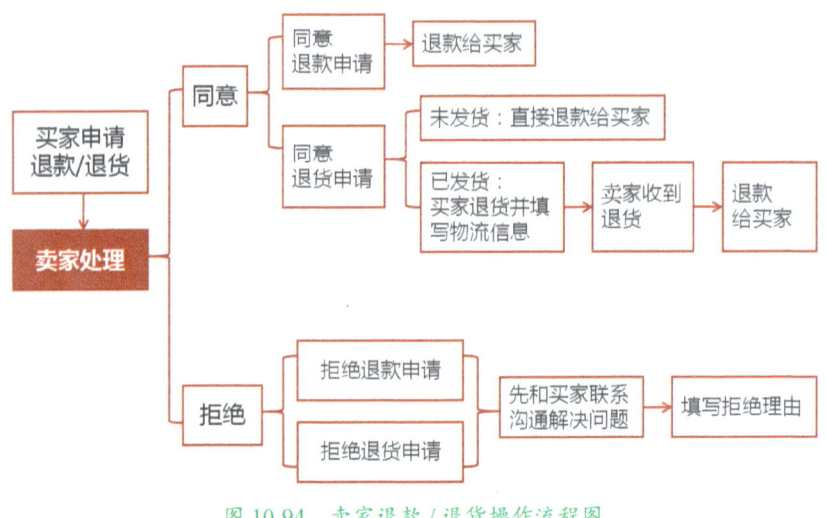

图 10-94 卖家退款/退货操作流程图

2. 换货

对于买家有意换货的情况，有两种处理方式。

一是由客服人员在沟通时引导买家直接申请退货，重新拍下一件想要换的商品，卖家及时发出新品，并等待买家寄回要退的商品。

二是由客服人员在订单中备注换货，指导买家寄出想换的商品，并在退货包裹里面放上换货信息卡。买家需要在换货信息卡上注明买家ID、订单编号、换货明细；并且买家需告知客服人员换货退回包裹的物流单号，以便客服人员可以及时跟踪所退货物的物流信息。卖家收到退货后，由仓库发货员做换货登记，并且发出要换的商品。仓库发货员发货后，需要把对应的换货信息、物流单号反馈给客服人员，客服人员将新发货的物流单号告知买家。待买家收到商品后，客服人员及时跟进，明确没有问题后，引导买家给予好评，从而完成换货的整个流程。卖家换货操作流程如图10-95所示。

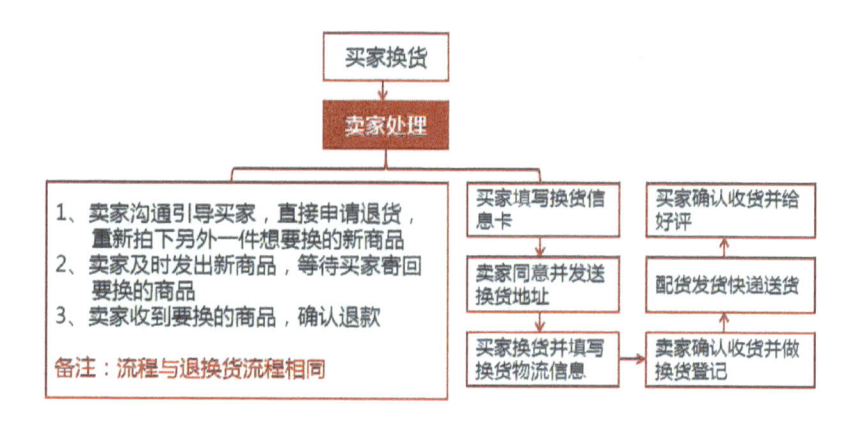

图 10-95　卖家换货操作流程图

在换货过程中，需要注意以下几点。

- 对于库存紧张的商品，如需换货，需要查明库存后回应买家，并且对买家确认换货的商品进行预留，避免所换商品因为脱销而造成无法换货。
- 如果整个换货时间较长，客服人员必须记得延长买家的收货时间，以避免买家因为收货时间即将到达而引起不必要的麻烦。

第 11 章

千牛的应用

千牛是阿里巴巴官方出品的卖家一站式工具，分为电脑版和手机版。千牛是客服人员最常用的工具，因为它不仅具有在线即时沟通的功能，而且还可以进行交易管理、商品管理、评价管理、物流管理等。

11.1　电脑版千牛

电脑版千牛是安装在电脑端的一款软件，通过千牛，客服人员可以完成大部分工作内容。

1. 下载并安装千牛

在电脑的浏览器中输入 http://work.taobao.com 进入下载页面，如图 11-1 所示。选择"电脑客户端下载"，如图 11-2 所示，然后根据客服人员所使用的电脑操作系统选择 Windows 版或者 Mac Beta 版，如图 11-3 所示。

图 11-1　千牛下载页面

图 11-2　电脑客户端下载

图 11-3　选择千牛版本

这里以下载 Windows 版的 5.12.03N 版本为例，下载后按照安装界面提示进行安装即可。安装完成后运行千牛，用淘宝网会员名和密码进行登录，如图 11-4 所示，同时可根据需求自行确定是否勾选"记住密码"和"自动登录"。为了保证旺旺处于在线状态，所以请务必勾选"登录旺旺"。最后单击"登录"按钮即可进入电脑版千牛中。如果已经开通支付宝证书功能，则请按照提示先进行支付宝证书的安装，安装完成后，再次进行登录即可。还可以使用手机千牛扫描二维码进行登录，如图 11-5 所示。

图 11-4　电脑版千牛登录界面

图 11-5　电脑版千牛扫码登录界面

2．功能介绍

电脑版千牛由工作台和桌面工具条两部分组成，其中千牛工作台的默认页面分为顶部工具栏、左侧应用快捷入口和右侧首页三部分，如图11-6所示。客服人员可以根据需求，对以上三个部分进行设置。

图11-6　千牛工作台默认页面

在顶部工具栏中，客服人员使用最多的功能是接待中心，可以通过接待中心快捷键调出接待中心与顾客在线进行实时沟通、留言以及处理订单等。同时为提高整体工作效率，提升顾客体验等，通常在使用接待中心前，客服人员会通过顶部工具栏中最右侧的设置按钮（如图11-7所示），对接待中心进行一些基础功能的设置。为了加快调出常用功能的速度，通过系统设置中的"个性设置"选项卡，可以对这些常用功能进行快捷键设置，如图11-8所示。为了能够让顾客在呼入后快速收到客服人员的回复，通过系统设置中的"客服设置"选项卡可以进行自动回复设置，自动回复又包括首次回复、状态回复等。另外，通过系统设置中的"安全设置"选项卡可以进行防骚扰消息设置，以及骚扰信息过滤设置，客服人员可结合实际工作情况来进行相应的设置。

图 11-7　设置按钮

图 11-8　快捷键设置

在对基础功能进行设置后，接下来我们一起来了解一下接待中心。接待中心功能可谓客服人员工作的命脉，因为在日常工作中与顾客的即时在线沟通、订单的相关处理等重要环节都可以通过接待中心来完成。接待中心分为左、中、右三部分，如图11-9所示。

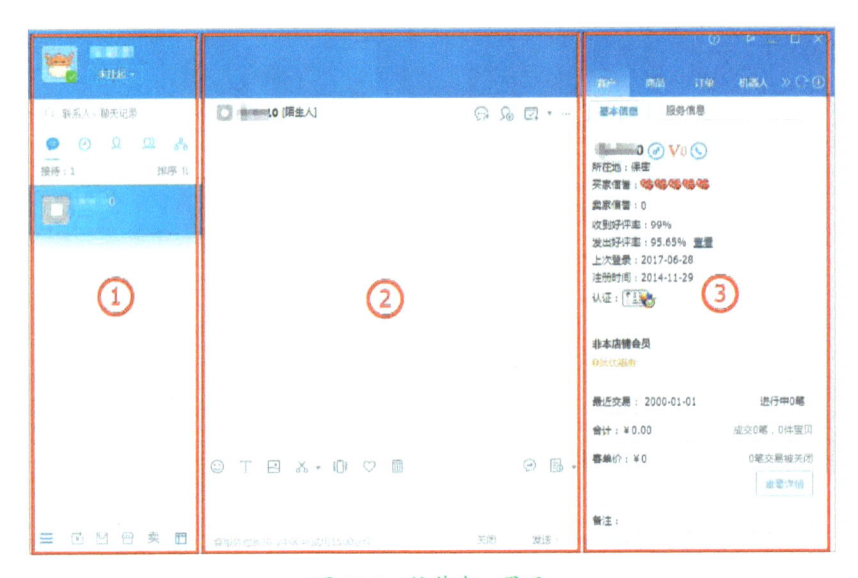

图11-9 接待中心界面

接待中心界面最左侧的功能按钮从左至右分别是：联系中（与正在沟通中的顾客互发的消息）、最近联系（最近与客服人员沟通过的顾客）、我的好友（添加过好友的名单列表）、我的群和我的团队，这些按钮方便客服人员有针对性地找到指定的联系人，如图11-10所示。接下来是正在与客服人员沟通的顾客或客服人员主动查找到的联系人，如图11-11所示，可以看到联系人的旺旺ID，可以按照联系时间和等待分钟进行不同的排序，还可以通过标记该联系人将其对话置顶，此功能用于提醒客服人员与联系人之间有未完结的事宜。同时可以查看到在联系人ID后会对应出现蓝色信封、黄色锤子及绿色对号的不同图标，这些图标分别代表着已发货、拍下未付款及已付款三种交易状态。

图 11-10　接待中心左侧按钮

图 11-11　沟通中的联系人

在接待中心的中间部分，上方的按钮从左至右分别为：头像、ID 及分组、转发消息给团队成员、新建任务、更多（发送文件、视频聊天、远程协助、举报），如图 11-12 所示。

- 通过头像、ID 及分组，可以看到正在沟通的联系人的头像、淘宝 ID 以及好友分组。
- 旺旺开通子账号后，即会出现转发消息给团队成员这个按钮，当一个客服人员需要把顾客交接给其他客服人员接待时，可以使用转发消息给团队成员的功能。
- 单击新建任务按钮右侧的三角形下拉箭头，可以添加任务或者查看历史任务。单击新建任务按钮会弹出添加任务窗口，可以对当前聊天对象添加任务，包含任务类型、任务内容、处理人、提醒时间。添加完毕后，该任务会在千牛工作台左侧的快捷导航任务中心显示，客服人员可通过此按钮进行任务的查询和处理。

- 单击发送文件按钮，可以进行发送文件、发送文件夹、发送离线文件夹、打开接收文件夹、查看历史文件传输，以及文件传输设置等相关操作。
- 单击视频聊天按钮，可以进行语音聊天、视频聊天，以及不接收语音视频请求的操作。
- 单击远程协助按钮，可以进行请求远程协助和拒绝对方远程协助的操作。
- 单击举报按钮，可以对当前聊天对象进行举报、删除好友并加入黑名单的操作。

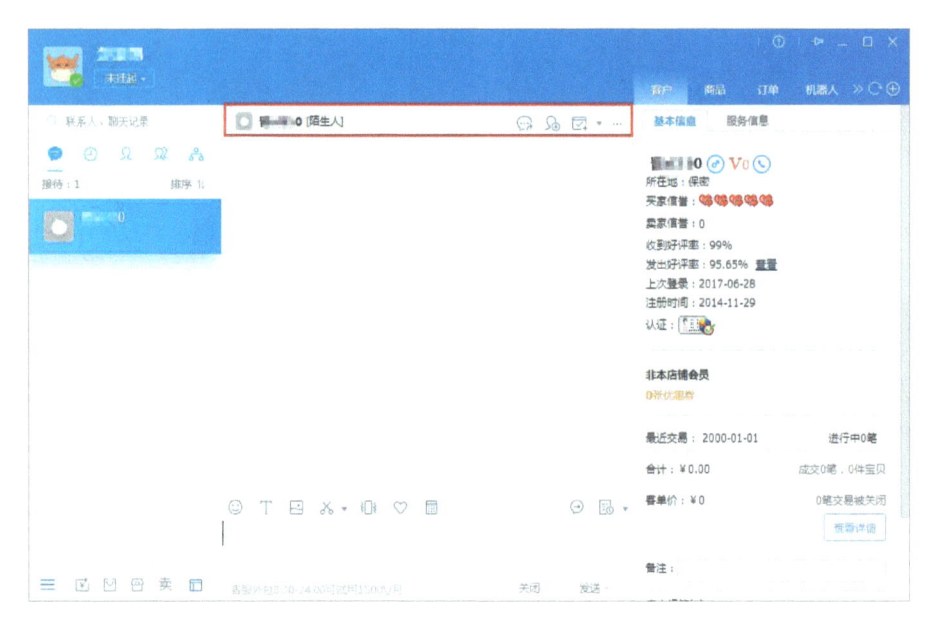

图 11-12　接待中心上方功能按钮

聊天窗口中间栏中的按钮从左至右分别为：选择表情、设置字体、发送图片、屏幕截图、发送振屏、提醒客服评价、计算器，如图 11-13 所示。

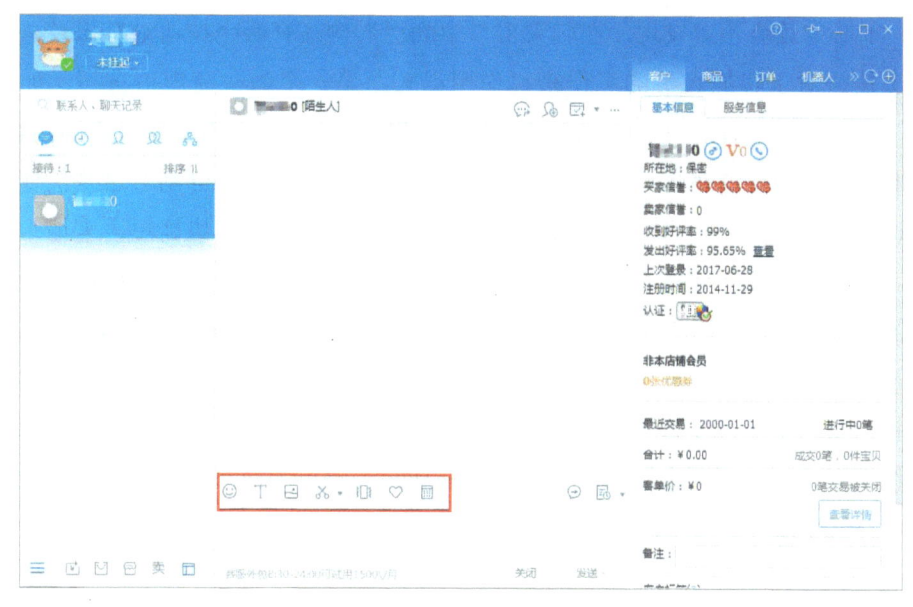

图 11-13　聊天窗口中间栏按钮

- 单击选择表情按钮，系统会弹出旺旺表情，客服人员可根据聊天的内容和场景合理地使用旺旺表情。
- 单击设置字体按钮，可以设置聊天使用的字体、字号、颜色。在设置时应尽量避免使用特别大的字号，字体颜色尽量避免使用红色以及夸张的颜色，以免造成顾客的反感。
- 单击发送图片按钮，可以给顾客发送产品图片或者相关图片。
- 单击屏幕截图按钮，可以进行屏幕截图，此功能可以在顾客确认某些信息时使用。
- 单击发送振屏按钮，即可给对方发送振屏，使用此功能很容易给对方造成困扰，使对方反感，所以不建议客服人员使用。
- 单击提醒客服评价按钮，发送提醒给顾客，让顾客为客服人员的服务进行打分。
- 单击计算器按钮，可以直接弹出电脑系统自带的计算器，方便客服人员使用。

细心的读者不难发现，在聊天窗口中间栏右侧还有两个按钮没有提及，这两个按钮对于客服人员的工作来说作用很大。第一个为快捷短语按钮，如图11-14所示。单击此按钮，在聊天窗口的右侧区域就会显示出快捷短语的内容，客服人员可根据所销售产品的不同，以及工作需求的不同，分别对这些快捷短语进行新建、编辑、删除、分组、导入、导出的操作，利用快捷短语来缩短日常工作中解答顾客问题所需要的时长，也避免了对于同样的或同类问题客服人员需要反复输入相同的或类似的信息。第二个是查看消息记录按钮，如图11-15所示。单击此按钮，可以查看当前聊天对象的聊天记录，而单击右侧的三角形下拉箭头，不仅可以查看当前聊天对象的聊天记录，还可以查看该聊天对象的在线消息记录，同时也可以查看团队其他成员与该聊天对象的聊天记录（此功能需开通子账号后方可使用）。

图 11-14　快捷短语按钮　　　　图 11-15　查看消息记录按钮

在接待中心右侧的信息窗口上方还有客户、商品、订单等功能，它们也是客服人员在工作中最常用的功能，如图11-16所示。

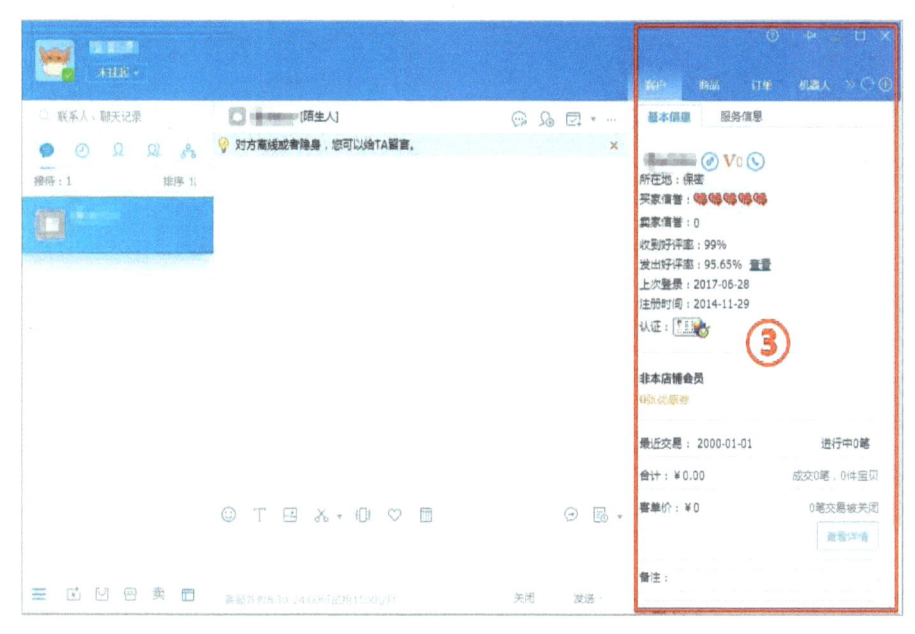

图 11-16　信息窗口

为了能够更好地了解顾客，提升转化率，做出更加精准的产品推荐，查看"客户"信息功能就显得尤为重要。选择"客户"，在基本信息中可以查看顾客的一些相关情况，其中包括顾客的 ID、淘宝会员级别、性别、所在地、信用等级等，同时还可以查看该顾客是否为本店铺会员、是否拥有店内优惠券，以及最近交易等相关信息，如图 11-17 所示。所谓知己知彼，百战不殆，所以"客户"功能在工作中可以多多使用，以便更好地了解顾客。

在"商品"功能中包含了几个小工具，如图 11-18 所示，同样可以帮助客服人员抓到一些小细节，提升转化率。比如在"足迹"功能中，客服人员可以很好地掌握顾客在店铺的浏览轨迹，及时掌握顾客的喜好；在"推荐"功能中，猜 TA 喜欢可以让客服人员有效做到热销商品和关联商品的结合推荐；最后的放大镜功能，可以让客服人员根据顾客需求，第一时间找到所需要推荐的商品。

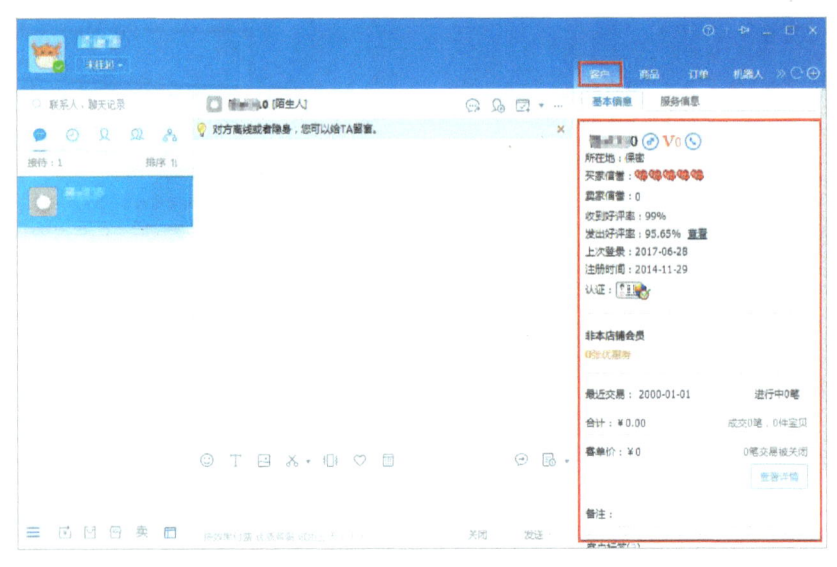

图 11-17　查看客户信息

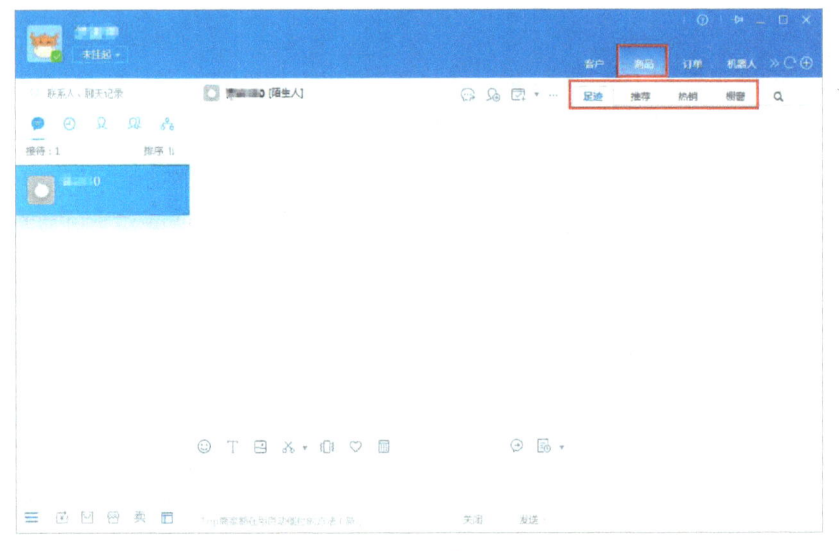

图 11-18　查看商品信息

　　选择"订单",如图 11-19 所示,可以查看该顾客的全部订单、未完成订单、已完成订单、已关闭订单,并且可以给订单添加备注、查看买家留言、查看顾客的收货地址等。另外，订单在不同状态下可以进行的操作也有所不同，比如在买家已付款状态下，客服人员可以进行修改价格、修改运费及核对信息等功能操作。

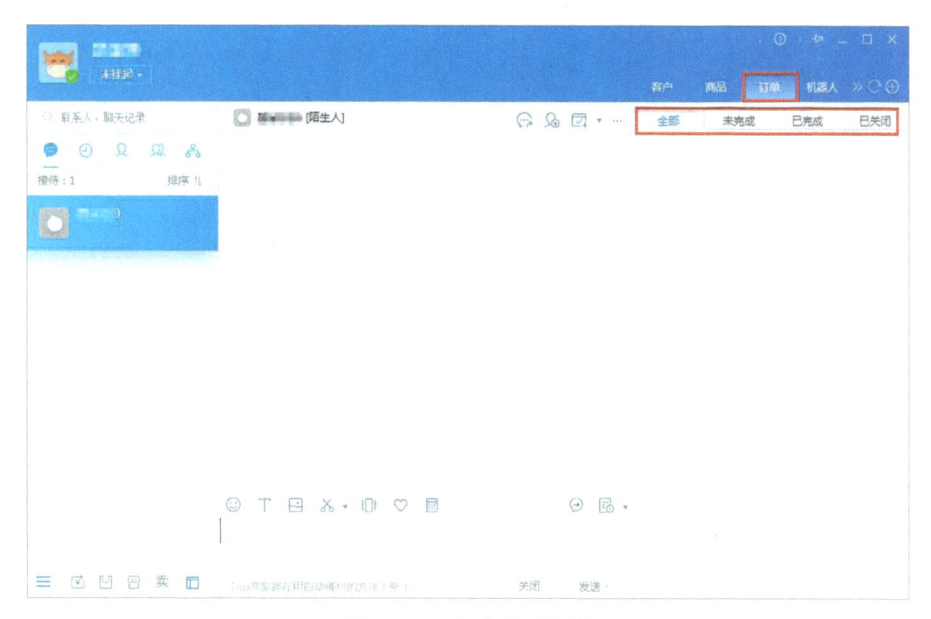

图 11-19　查看买家订单

除在上述接待中心内客服人员经常用到的一些功能以外，在工作中客服人员也会利用左侧的应用快捷入口来进行一些操作，如图 11-20 所示。其中常用网址、客户运营等功能固定在左上方，在中间区域的位置，客服人员可以根据日常工作需求来订购及设置一些插件功能。订购的方法是，直接单击左侧的应用快捷入口中的第三个按钮——服务，或者单击左侧的应用快捷入口中的最下方按钮——我的应用，进入服务市场，按照需求进行订购。同时在"我的应用"中，也可以对自己习惯使用的插件进行默认设置，当需要调整插件排列的位置或对不常用的插件进行删除时，只要在左侧的应用快捷入口中找到相应的插件图标，按住鼠标左键拖曳到指定位置即可。

图 11-20 应用快捷入口

在千牛工作台中还有一块区域没有介绍到，那就是首页。在默认情况下，在千牛工作台中最大的一块区域为首页，在首页中分布着店铺数据、生意参谋、千牛头条、体检中心等相关模块，客服人员可以通过单击首页右上角的齿轮状图标"编辑布局"按钮，对首页进行功能模块设置，如图 11-21 所示。在设置状态下，可以对模块进行增减调整，从而达到最理想的使用状态。

图 11-21 千牛工作台首页设置

最后，我们一起来看一下千牛桌面工具条，如图 11-22 所示。由于使用习惯或店铺授权问题，部分客服人员在千牛工作台上无法获取到相关数据和权限，而桌面工具条上的相关快捷功能，也可以满足他们的工作需求，所以他们更青睐于桌面工具条。桌面工具条本身短小精悍，没有复杂的操作界面，从左到右依次分布着五大功能按钮，

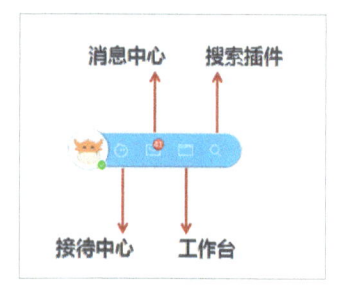

图 11-22　桌面工具条

分别是：Logo 及状态功能，在此功能中可以查看店铺的 Logo 及调整旺旺的工作状态，如我有空、忙碌中、隐身等；接待中心功能，单击此按钮，可以快速调出接待中心；接下来是消息中心、千牛工作台和搜索插件功能。

至此，完成了对电脑版千牛的常用功能的介绍。

11.2　手机版千牛

当卖家或者客服人员不能在电脑前时，手机版千牛就成为他们与买家交流、处理订单、管理店铺以及实时查看数据的利器。手机版千牛安装简单、功能丰富且使用便捷。手机千牛可以有效地帮助掌柜及客服，实时观测店铺动态，把握商机。

1. 手机版千牛的下载和安装

在电脑的浏览器中输入 http://work.taobao.com 进入下载页面，如图 11-23 所示，选择"手机客户端下载"，如图 11-24 所示，然后用手机淘宝扫描图片中的二维码进行下载并安装，如图 11-25 所示。

图 11-23　千牛下载页面

图 11-24　手机客户端下载

图 11-25　手机版千牛下载

安装完毕后，使用淘宝用户名和密码进行登录，即可进入手机版千牛中，如图 11-26 所示。

图 11-26　手机版千牛登录界面

在这里以手机版的 6.0.2 版本为例进行介绍。

2．功能介绍

手机版千牛与电脑版千牛的主要功能基本一致，只是手机版千牛的界面展示与电脑版不同，下面通过图片举例说明。

手机版千牛下方的按钮从左至右分别是：工作台、消息、服务、头条和我的，如图 11-27 所示。

手机版千牛工作台中的管理工具及插件的类型与电脑端千牛是一致的，可以根据使用需求进行设置，然后在手机端进行授权即可使用。常用的工具及插件包括：交易管理、退款/售后、生意参谋、淘宝直通车以及手机客户端独有的神笔等，如图 11-28 所示。

图 11-27　手机版千牛工作台

图 11-28　手机版千牛工具及插件

在这里重点介绍客服人员比较常用的交易管理插件。在交易管理中，客服人员可以查看店内当前正在进行的交易，并对交易进行相应的操作，包括修改价格、修改运费、备注、操作发货、退款/售后以及评价等。当第一次使用交易管理功能时，需要用手机版千牛授权给与平台合作的第三方插件，其大部分基本功能都是免费的。如图11-29所示，在交易管理界面中可以查看当日交易以及近三月的交易。插件还对交易类型进行了分类，包括：待付款、待发货、已发货、退款中、待评价、交易成功和交易关闭7种交易状态，商家可以根据交易状态选择需要处理的交易进行相应的操作。商家还可以对订单进行批量发货、批量评价等操作。

在待付款的订单中，可以查看订单详情，并进行订单备注、关闭订单、修改运费、修改价格和核对地址的操作，如图11-30所示。

图11-29　手机版千牛交易管理　　　　图11-30　手机版千牛待付款订单处理

在待发货的订单中，可以查看订单详情，并进行订单备注、修改地址、发货和核对地址的操作，如图 11-31 所示。

在已发货的订单中，可以查看订单详情，并进行订单备注、物流跟踪、延时收货、修改物流及核对地址的操作，如图 11-32 所示。

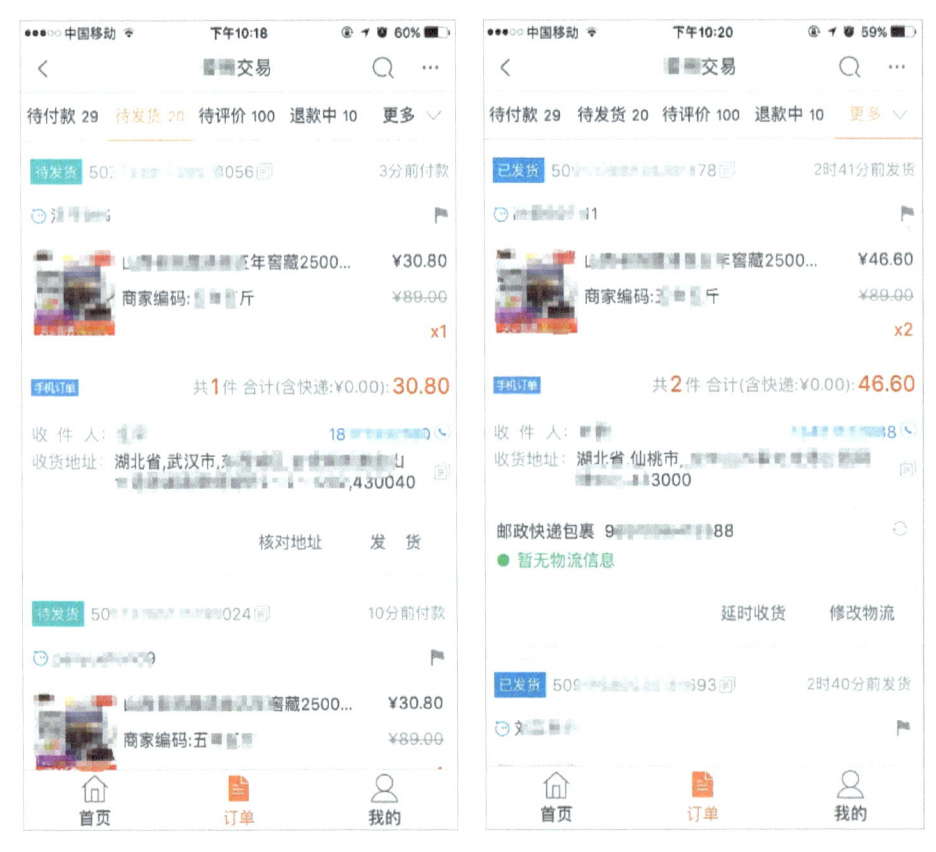

图 11-31　手机版千牛待发货订单处理　　图 11-32　手机版千牛已发货订单处理

手机版千牛除处理订单的功能十分强大外，还和电脑端千牛一样具备与买家进行即时沟通的聊天功能。如图 11-33 所示，手机版千牛的"消息"就相当于电脑版千牛的接待中心，在这里可以随时和顾客交流、收发消息、发送产品链接等。除此之外，还可以查看系统消息、查看联系人、添加好友、创建群等，如图 11-34 所示。

图 11-33　手机版千牛接待中心（1）　　　图 11-34　手机版千牛接待中心（2）

在手机版千牛的聊天窗口中，客服人员可与当前买家进行沟通，并且可以推荐商品、发送优惠券、核对订单，以及把当前买家转接给其他客服人员等，如图 11-35 所示。

单击手机版千牛的"服务"，即可进入服务市场，订购各类千牛插件。千牛插件分为官方插件和第三方插件，这些插件的可以满足店铺日常管理的基础功能基本都是免费的，一些特殊的功能会适当收费，如图 11-36 所示。

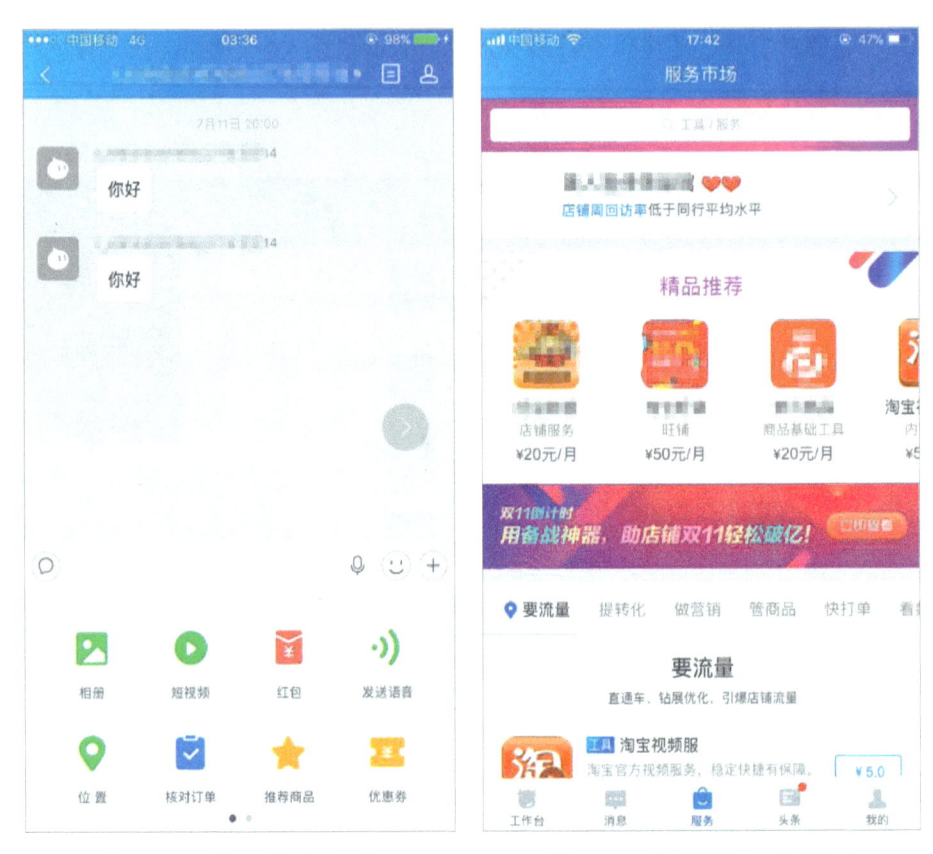

图 11-35　手机版千牛聊天窗口　　　　图 11-36　订购手机版千牛插件

单击"头条",可以查看千牛头条的热门信息、关注的账号、视频直播等各类新鲜资讯,如图 11-37 所示。

手机版千牛的"我的"相当于设置中心,如图 11-38 所示,可以通过单击各个按钮进入相应的界面,对手机版千牛进行设置。

图 11-37　手机版千牛头条　　　　图 11-38　手机版千牛设置

综上所述，手机版千牛的功能是很强大的，而且便于使用，可以帮助商家随时随地管理店铺及店铺中的交易。注意：因为手机版千牛是在手机端登录的，所以一定要保护好手机及账号的安全，若手机丢失要及时到电脑端修改登录密码，以防账号被盗使信息及资金安全受到威胁。

快抓住中国电商第三次浪潮！

电商图书旗舰品牌 博文电商

淘宝官方首套内容电商运营系列丛书！

（图文内容 打造与传播 / 爆款视频 内容打造与传播 / 淘宝直播 运营与主播修炼手册）

精品电商图书

互联网销售宝典
——揭示通过网络让销售业绩和成交转化率倍增的秘密
ISBN 978-7-121-31401-8
作者：江礼坤 黄琳

电商、微商、保险、在线客服、门店销售等各类销售行业从业者争相传阅的成交秘籍。

淘宝天猫店是如何运营的
——网店从0到千万实操手册
ISBN 978-7-121-31376-9
作者：贾真

行业Top10卖家运营干货分享，淘宝天猫运营必读。

互联网+县域：一本书读懂县域电商
ISBN 978-7-121-27946-1
作者：淘宝大学 阿里研究院

县域电商怎么看？怎么办？怎么干？

网络营销推广实战宝典（第2版）
ISBN 978-7-121-27574-6
作者：江礼坤

第1版获全行业优秀畅销书奖！
网络营销看本书就够了！

中国零售
ISBN 978-7-121-30823-9
作者：子道

新零售时代阅读，读懂消费者，吃透新市场。

从0开始——跨境电商实训教程
ISBN 978-7-121-28729-9
作者：阿里巴巴（中国）网络技术有限公司

跨境电商人才认证配套教程。

农村电商——互联网+三农案例与模式（第2版）
ISBN 978-7-121-30935-9
作者：魏延安

县域电商和电商扶贫参阅，曲天军汪向东毕慧芳亲笔作序。

一个电商运营总监的自白
ISBN 978-7-121-31001-0
作者：金牛城

淘宝天猫京东网店一线员工、运营、创业者争相传阅！
前阿里运营大咖十年经验总结。

电子工业出版社咨询或投稿，
请联系 010-88254045，
邮箱：zhanghong@phei.com.cn

在哪儿可以买到这些书？
线下书店、当当、京东、亚马逊、天猫网店均可购买。

反侵权盗版声明

电子工业出版社依法对本作品享有专有出版权。任何未经权利人书面许可，复制、销售或通过信息网络传播本作品的行为；歪曲、篡改、剽窃本作品的行为，均违反《中华人民共和国著作权法》，其行为人应承担相应的民事责任和行政责任，构成犯罪的，将被依法追究刑事责任。

为了维护市场秩序，保护权利人的合法权益，我社将依法查处和打击侵权盗版的单位和个人。欢迎社会各界人士积极举报侵权盗版行为，本社将奖励举报有功人员，并保证举报人的信息不被泄露。

举报电话：（010）88254396；（010）88258888

传　　真：（010）88254397

E-mail：dbqq@phei.com.cn

通信地址：北京市万寿路173信箱　电子工业出版社总编办公室

邮　　编：100036

互联网新商业时代，管理与运营大书！

Broadview
www.broadview.com.cn

《阿里三板斧：重新定义干部培养》
企业头部、腰部、腿部干部成长手册！

阿里三板斧原课程设计者力作！

历经阿里实践检验与百场中小企业实操验证

作者：百度营销研究院
ISBN 978-7-121-30311-1

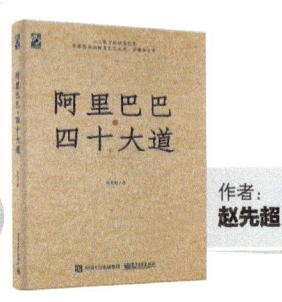

作者：赵先超
ISBN 978-7-121-33723-9

作者：腾讯研究院 腾讯开放平台
ISBN 978-7-121-32890-9

作者：黄有璨
ISBN 978-7-121-31154-3

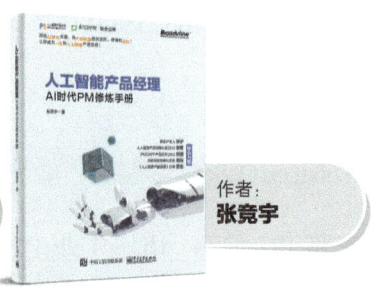

作者：张竞宇
ISBN 978-7-121-33914-1

作者：苏杰
ISBN 978-7-121-31140-6

作者：数据创新组
ISBN 978-7-121-27895-2

作者：贾真
ISBN 978-7-121-31376-9

作者：老魏
ISBN 978-7-121-34285-1

电子工业出版社咨询或投稿，
请联系010-88254045，
邮箱：zhanghong@phei.com.cn

电子工业出版社
PUBLISHING HOUSE OF ELECTRONICS INDUSTRY
http://www.phei.com.cn